ECDL

Der Europäische Computer Führerschein

Modul 6: Präsentation

ECDL

Der Europäische Computer Führerschein

Modul 6: Präsentation

Brendan Munnelly und Paul Holden

Übersetzung aus dem Englischen:
Astrid Boventer

Markt + Technik Verlag

Die Deutsche Bibliothek – CIP-Einheitsaufnahme

Ein Titelsatz für diese Publikation ist bei
Der Deutschen Bibliothek erhältlich.

Die Informationen in diesem Produkt werden ohne Rücksicht auf einen eventuellen Patentschutz veröffentlicht.
Warennamen werden ohne Gewährleistung der freien Verwendbarkeit benutzt.
Bei der Zusammenstellung von Texten und Abbildungen wurde mit größter Sorgfalt vorgegangen.
Trotzdem können Fehler nicht vollständig ausgeschlossen werden.
Verlag, Herausgeber und Autoren können für fehlerhafte Angaben und deren Folgen weder eine juristische Verantwortung noch irgendeine Haftung übernehmen. Für Verbesserungsvorschläge und Hinweise auf Fehler sind Verlag und Herausgeber dankbar.

Alle Rechte vorbehalten, auch die der fotomechanischen Wiedergabe und der Speicherung in elektronischen Medien.
Die gewerbliche Nutzung der in diesem Produkt gezeigten Modelle und Arbeiten ist nicht zulässig.

Titel der englischen Originalausgabe (Auszug)
ECDL3 – The Complete Coursebook
© 2000 by Pearson Education Limited

Fast alle Hardware- und Softwarebezeichnungen, die in diesem Buch erwähnt werden, sind gleichzeitig auch eingetragene Warenzeichen oder sollten als solche betrachtet werden.

Umwelthinweis:
Dieses Buch wurde auf chlorfrei gebleichtem Papier gedruckt.
Die Einschrumpffolie – zum Schutz vor Verschmutzung – ist aus umweltverträglichem und recyclingfähigem PE-Material.

10 9 8 7 6 5 4 3 2 1

05 04 03 02 01

ISBN 3-8272-6086-8

© 2001 by Markt+Technik Verlag,
ein Imprint der Pearson Education Deutschland GmbH,
Martin-Kollar-Straße 10–12, D-81829 München/Germany
Alle Rechte vorbehalten
Umschlaggrafik: adesso 21, München
Lektorat: Cornelia Karl, ckarl@pearson.de
Herstellung: Elisabeth Egger, eegger@pearson.de
Satz: mediaService, Siegen (www.media-Service.tv)
Druck und Verarbeitung: Bosch Druck, Ergolding
Printed in Germany

Inhaltsverzeichnis

Grundlagen der Präsentation *10*
    Zu dieser Lektion 10
    Präsentationen und Präsentations-Software 11
    PowerPoint starten 11
    Eine vorhandene Präsentation öffnen 12
    Mit einer PowerPoint-Präsentation arbeiten 12
        Die verschiedenen Ansichten 13
        Zoom 13
        Wie Sie sich in einer Präsentation zurechtfinden 14
        Eine Präsentation drucken 15
        Verwendung der Online-Hilfe 16
        Die Anzeige der Symbolleiste verändern 17
    Eine Präsentation schließen 17
    PowerPoint beenden 17
    Zusammenfassung der Lektion: Das haben Sie gelernt 18

Ihre ersten Folien erstellen *19*
    Zu dieser Lektion 19
    Eine neue Präsentation erstellen 20
        Querformat oder Hochformat? 22
    Folien zu Ihrer Präsentation hinzufügen 22
    Verwenden der Gliederungsansicht 23
    Text innerhalb von PowerPoint kopieren 25
    Text aus einer anderen Anwendung importieren 25
    Eine Folie löschen 27
    Eine Folie ausblenden 27
    Der Befehl Rückgänig 28
    Ihre Präsentation speichern 28
    Zusammenfassung der Lektion: Das haben Sie gelernt 29

Grafiken und Bilder hinzufügen *30*
    Zu dieser Lektion 30
    Die Zeichenwerkzeuge in PowerPoint verwenden 31
        Werkzeug Linie und Pfeil 31
        Werkzeug Rechteck 31
        Werkzeug Ellipse 31
        Linienfarbe und Linienart 31
        Füllfarbe 32
        Textfeld 32
        Zeichenobjekte bearbeiten 32

Objekte gruppieren und Gruppierung wieder aufheben 34
AutoFormen einfügen 34
Organisationsdiagramme einfügen 34
Zahlenmaterial präsentieren 37
Bilder importieren 40
Sich von der Masse abheben 43
Zusammenfassung der Lektion: Das haben Sie gelernt 44

Ein einheitliches Image entwerfen   *45*

Zu dieser Lektion 45
Verwenden einer Entwurfsvorlage 46
Die Vorlage zu Ihrer eigenen machen 46
    Die Farbskala verändern 47
    Den Hintergrund ändern 48
Der Folienmaster 49
Text in einer einzelnen Folie formatieren 50
Objekten einen Rand hinzufügen 52
Tipps für eine gelungene Präsentation 52
    Wie viel sollte auf einer Folie stehen? 53
    Welche Schriftgröße? 53
    Welche Schriftart? 53
    Welche Farben? 53
Das gleiche Format noch einmal verwenden 54
Zusammenfassung der Lektion: Das haben Sie gelernt 54

Der Aufbau einer Präsentation   *55*

Zu dieser Lektion 55
Gebrauch der Foliensortierungsansicht zur Sortierung Ihrer Folien 56
Die Folienreihenfolge ändern 56
    Neu ordnen durch Ziehen 56
    Neu ordnen mit Ausschneiden und Einfügen 56
Folien zwischen Präsentationen kopieren 57
Eine Folie löschen 59
PowerPoint-Folien in anderen Anwendungen verwenden 59
Mit früheren Versionen von PowerPoint arbeiten 60
Zusammenfassung der Lektion: Das haben Sie gelernt 61

Das Publikum begeistern   *62*

Zu dieser Lektion 62
Folienübergang 63
    Nächste Folie automatisch oder manuell 64
Animierte Folien 64
Musik und andere Geräusche 68
Handzettel erstellen 68
    Ihre Folien nummerieren 68
Notizblätter 69
    Ansicht Notizenseite 69

Überprüfen Sie Ihre Rechtschreibung 70
Ihre Präsentation als Bildschirmpräsentation speichern 70
Zusammenfassung der Lektion: Das haben Sie gelernt 71

Anhang: Operationen in Windows-Anwendungen ausführen *73*
Menüleisten, Symbolleisten und Tastenkombinationen 73
    Die Menüleisten 73
    Die Symbolleisten 74
    Tastenkombinationen 74
Zusammenfassung der Lektion: Das haben Sie gelernt 75
Index 77

Präsentationen

Morgen haben Sie zwei Termine: Sie müssen zum Zahnarzt und Sie haben eine Präsentation vor einem Publikum, das teils aus Freunden, teils aus Fremden besteht.

Welcher der beiden Termine versetzt Sie mehr in Angst und Schrecken?

Ob nun vor einer Gruppe potentieller Kunden, vor Kollegen bei einer nationalen Tagung oder vor einem ortsansässigen Verband – die Aussicht darauf, eine Rede halten zu müssen, kann manchmal schon etwas Unbehagen hervorrufen.

Angesichts einer solchen Situation möchte man jede Art von Hilfsmittel kennen lernen, das einem helfen kann, entspannter und besser organisiert zu sein. Also ein Werkzeug, das dazu beiträgt, sich selbstsicherer geben und seine Standpunkte klar und effektiv präsentieren zu können. Und genau das ist der Punkt, an dem eine Präsentations-Software ins Spiel kommt.

Im vorliegenden Modul werden Sie lernen, wie Sie Materialien erstellen, die Ihre Botschaft sowohl in Text als auch in Bild unterstützen. Darüber hinaus erfahren Sie, wie Sie Ihr Material gestalten, sowohl als Bildschirmfolie als auch in Form eines Handzettels auf Papier. Beides dient dazu, den Eindruck auf die Zuhörer zu verstärken.

Software macht natürlich aus einer schlechten Präsentation keine gute, aber sie kann dazu beitragen, dass eine gute Präsentation ihre Ziele erfolgreich vermittelt. Sie sorgt also für eine bessere Vermittlung und Kommunikation Ihrer grandiosen Ideen.

Mit diesem Modul sind Sie es, der spricht – und nicht der, zu dem gesprochen wird. Viel Glück!

Lektion 1: Grundlagen der Präsentation

Zu dieser Lektion

Diese Lektion beschäftigt sich mit den Grundlagen der Präsentations-Software, führt Sie in die nötige Terminologie ein und lässt Sie die angebotenen Möglichkeiten erproben.

Neue Fähigkeiten

Am Ende dieser Lektion sollten Sie in der Lage sein,

- zu erklären, wozu eine Präsentations-Software verwendet wird,
- *PowerPoint* zu starten und zu beenden,
- eine Präsentation zu öffnen und zu schließen,
- eine *PowerPoint*-Präsentation auf Ihrem Computer laufen zu lassen,
- eine Präsentation auf verschiedene Arten zu betrachten,
- eine *PowerPoint*-Präsentation als Overhead-Folie, Handzettel oder 35mm Diapositiv auszudrucken,
- die Online-Hilfe in *PowerPoint* zu verwenden,
- die Anzeige der *PowerPoint*-Symbolleiste zu verändern.

Neue Wörter

Am Ende dieser Lektion sollten Sie in der Lage sein, die folgenden Begriffe zu erklären:

- Präsentation
- Folie
- Folienansicht
- Gliederungsansicht
- Foliensortierungsansicht
- Notizseite
- Bildschirmpräsentation
- Folie für Overhead-Projektor

Präsentationen und Präsentations-Software

Ob man ein neues Produkt vorführt, Forschungsergebnisse vorstellt oder eine neue Struktur in der Organisation bekannt gibt – man muss zu diesen Anlässen immer eine Rede halten. Um nun die Aufmerksamkeit des Publikums auf das Thema zu lenken und seiner Botschaft Nachdruck zu verleihen, greift man während der Rede zu visuellen Hilfsmitteln. Um sicherzustellen, dass die Zuhörer Schlüsselinformationen auch wirklich verinnerlichen, verteilt man Handzettel, die mitgenommen und später noch einmal in Ruhe gelesen werden können. Genau das versteht man unter einer Präsentation.

Präsentations-Software unterstützt Sie bei der Erstellung von visuellen Hilfsmitteln und Handzetteln. Leider hilft sie nicht bei der Rede an sich, aber sie unterstützt Sie dabei, Ihre Gedanken zu ordnen, und trägt darüber hinaus dazu bei, dass Fragen und Kommentare aus dem Publikum Sie nicht aus dem Konzept bringen. Für das ECDL-Modul reicht es aus, wenn Sie wissen, wie man visuelle Hilfsmittel und Handzettel erstellt. Sie können ganz beruhigt sein, eine Rede brauchen Sie nicht zu halten!

Die visuellen Hilfen verleihen dem Gesagten noch einmal Nachdruck und stellen eine Ergänzung dar. Sie dürfen auf keinen Fall eine reine Wiederholung des Gesagten sein. Wenn immer möglich, sollten Präsentationen Bildmaterial (Bilder, Grafiken, Diagramme, Karten, Cartoons) enthalten. Text sollte auf ein Minimum reduziert sein und als Überschrift oder Aufzählung verwendet werden.

Die visuellen Hilfen können auf Papier oder auch auf Overhead-Folien ausgedruckt, als 35mm-Dias ausgegeben, als Bildschirmpräsentation auf einem Computer angezeigt oder direkt vom Computer über einen angeschlossenen Projektor (Beamer) an die Wand projiziert werden. Die Wahl der Ausgabe hängt von der Zahl der Zuhörer, der Größe des Raums, in dem die Präsentation gehalten wird und von der verfügbaren Technik ab.

Folie

Eine Folie ist ein Grundbaustein einer visuellen Präsentation. Sie ist gleichzusetzen mit der Seite eines gedruckten Dokuments und kann sowohl Text als auch Grafik enthalten.

PowerPoint starten

- Doppelklicken Sie auf das Symbol *PowerPoint*.

-oder-

- Wählen Sie Start/Programme/PowerPoint.

Microsoft PowerPoint

Eine vorhandene Präsentation öffnen

Die Dateinamenerweiterungen von *PowerPoint* sind: .ppt, .pps oder .pot. (Wie Sie später erfahren werden, wird jede dieser Endungen für einen bestimmten Zweck verwendet.) Die Endung hilft Ihnen, *PowerPoint*-Dateien von *Word*-Dokumenten (.doc), *Excel*-Arbeitsmappen (.xls) und anderen Datentypen zu unterscheiden.

Um eine bestehende Präsentation zu öffnen, gehen Sie wie folgt vor:

- Wählen Sie im Dialogfeld, das beim Start von *PowerPoint* geöffnet wird, ÖFFNEN EINER VORHANDENEN PRÄSENTATION

  -oder-

- Wählen Sie (wenn Sie schon mit *PowerPoint* gearbeitet haben) DATEI/ÖFFNEN (oder klicken Sie auf die Schaltfläche ÖFFNEN in der Standardsymbolleiste).

Wählen Sie anschließend aus dem Dialogfeld die gewünschte Datei aus.

Übung 1: Eine Präsentation öffnen

Um in dieser Lektion ein wenig zu experimentieren, öffnen Sie die Präsentation zum *Verkauf von Ideen*.

1) Wählen Sie DATEI/ÖFFNEN.

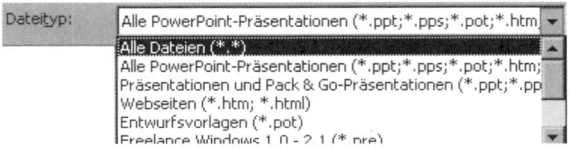

2) Wählen Sie aus der Dropdown-Liste *Entwurfsvorlagen*. (Das hier verwendete Beispiel entspricht dieser Art von Datei. Die meisten *PowerPoint*-Dateien, mit denen Sie arbeiten werden, sind Standardpräsentationen.)

3) Navigieren Sie zum Ordner *Microsoft Office* (normalerweise ein Unterordner in Programme) und von dort weiter zum Ordner *Vorlagen/Präsentationen*. Mehrere Dateien werden angezeigt. Scrollen Sie zur Datei *Verkauf von Ideen.pot*, wählen Sie diese aus und klicken Sie auf ÖFFNEN.

Mit einer PowerPoint-Präsentation arbeiten

PowerPoint ermöglicht Ihnen die Ansicht Ihres Materials in verschiedenen Formaten, um einzelne Folien zu betrachten und die Präsentation auszudrucken.

Die verschiedenen Ansichten

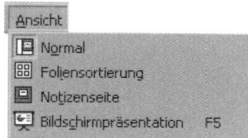

Die verschiedenen Möglichkeiten zur Ansicht finden Sie im Menü *Ansicht*.

- In der **Folienansicht** können Sie jede Folie einzeln betrachten. Es ist normalerweise der Modus, in dem Sie Ihre Präsentation erstellen. Sie sehen in dieser Ansicht genau, wie das fertige Produkt aussehen wird, und können Text bearbeiten, Grafiken einfügen usw.

- Die **Gliederungsansicht** zeigt den Text aller Folien an, jedoch keine Formatierung und keine Grafiken. Sie eignet sich besonders, wenn Sie Ihre Gedanken ordnen oder die Gesamtstruktur Ihrer Präsentation kontrollieren bzw. ändern möchten.

- Die **Foliensortierungsansicht** zeigt eine in der Anzeige verkleinerte Version der gesamten Präsentation an. Sie können diese Ansicht verwenden, wenn Sie die Einheitlichkeit des Layouts und der Farbgestaltung kontrollieren möchten, und auch, um eventuelle Änderungen in der Reihenfolge der Folien vorzunehmen.

- In der Ansicht **Notizenseite** werden die Folien einzeln in halber Größe angezeigt, mit einem Feld für die Notizen des Redners.

- Die Ansicht **Bildschirmpräsentation** zeigt die Folien in voller Bildschirmgröße (ohne jede Menüleiste), genauso, wie sie erscheint, wenn sie projiziert wird. Um die Ansicht *Bildschirmpräsentation* zu beenden, drücken Sie die ESC-Taste.

Links unten auf dem Bildschirm (außer in der Ansicht *Bildschirmpräsentation*) sehen Sie fünf Symbole, die für die verschiedenen Ansichtenmodi stehen. Über diese Symbole können Sie schnell von einer Ansicht in eine andere wechseln.

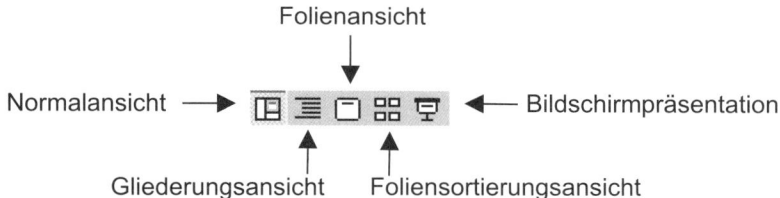

Zoom

Im Menü *Ansicht* finden Sie auch die Option ZOOM. Verwenden Sie diese Funktion, um die Bildschirmanzeige Ihrer Folie zu vergrößern oder zu verkleinern.

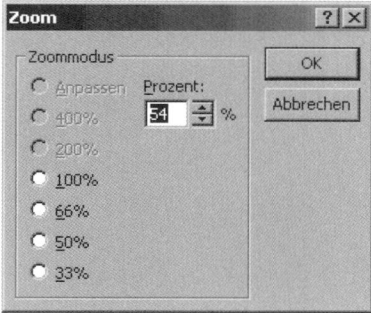

Wie Sie sich in einer Präsentation zurechtfinden

Bestimmte Tasten zum Navigieren können in jedem Ansichtenmodus in *PowerPoint* verwendet werden:

Um zur nächsten Folie zu gelangen	Drücken Sie die Taste Bild ↓
Um zur vorherigen Folie zurückzukehren	Drücken Sie die Taste Bild ↑
Um zur ersten Folie einer Präsentation zu gelangen	Drücken Sie die Taste Pos 1
Um zur letzten Folie zu gelangen	Drücken Sie die Taste Ende

In allen Ansichten, außer in der *Bildschirmpräsentation*, können Sie auch die Bildlaufleiste verwenden, um vorwärts und rückwärts zu blättern.

In der Ansicht *Bildschirmpräsentation* bieten sich Ihnen noch mehr Möglichkeiten.

Um zur nächsten Folie zu gelangen	Linker Mausklick Leertaste N Pfeil nach rechts Pfeil nach unten ENTER Bild ↓
Um zur vorherigen Folie zurückzukehren	Rücktaste P Pfeil nach links Pfeil nach oben Bild ↑
Um zu einer bestimmten Folie zu gelangen	Geben Sie die Nummer der Folie ein und drücken Sie ENTER
Um zur ersten Folie einer Präsentation zu gelangen	Halten Sie beide Maustasten für zwei Sekunden gedrückt
Um den Bildschirm leer erscheinen zu lassen	B (für schwarz) W (für weiß)
Um zur Präsentation zurückzukehren	B oder wieder W

Wenn Sie einige dieser Steuerelemente vergessen sollten, kein Grund zur Sorge. Drücken Sie während einer Bildschirmpräsentation einfach auf F1 und eine Liste zur Steuerung wird angezeigt.

Übung 2: Übungen zur Navigation

1) In der *Folienansicht* bewegen Sie sich innerhalb der Präsentation mit der Tastatur vor und zurück, wobei immer eine Folie angezeigt wird.

2) In der Ansicht *Bildschirmpräsentation* bewegen Sie sich innerhalb der Präsentation mit der Maus vor und zurück, wobei immer eine Folie angezeigt wird.

3) Gehen Sie zu *Folie 4*. Was steht auf der Folie?

Eine Präsentation drucken

Schaltfläche Drucken

Abhängig von Ihren Bedürfnissen und der Ihnen zur Verfügung stehenden Hardware, können Sie eine *PowerPoint*-Präsentation auf verschiedene Arten ausdrucken. Das Ausdrucken über *PowerPoint* funktioniert ähnlich wie bei anderen Anwendungen.

Wählen Sie zuerst DATEI/DRUCKEN oder klicken Sie auf die Schaltfläche DRUCKEN in der Symbolleiste. Im Feld *Drucken* wählen Sie aus der Dropdown-Liste entweder *Folien, Gliederungsansicht, Notizenseiten* oder *Handzettel*. Wenn Sie *Handzettel* auswählen, können Sie die Zahl der Folien pro Handzettel angeben.

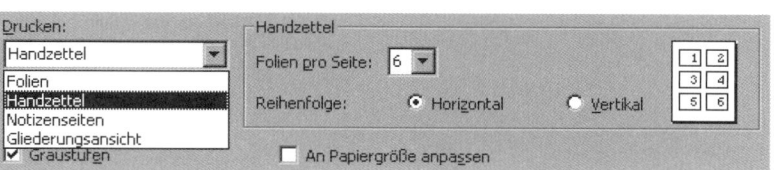

Sie können dann den Druckbereich festlegen: alle Folien, nur die aktuelle Folie oder bestimmte Folien. Um eine hintereinander liegende Reihe von Folien zu drucken, geben Sie die Nummer der ersten Folie und der letzten Folie, getrennt durch einen Bindestrich, ein. Zum Ausdrucken von nicht hintereinander liegenden Folien geben Sie die einzelnen Nummern der entsprechenden Folien durch ein Semikolon getrennt ein.

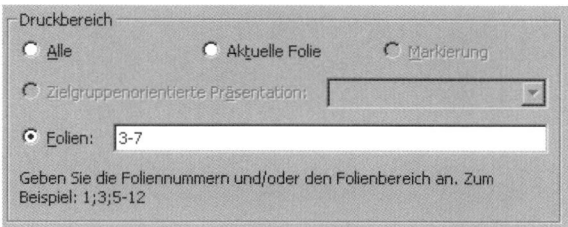

Wenn Sie Folien für eine Overhead-Präsentation erstellen möchten, müssen Sie spezielle Folien in Ihren Drucker einlegen, bevor Sie auf OK im Dialogfeld *Drucken* klicken.

Wollen Sie 35mm-Diapositive erstellen, benötigen Sie einen speziellen Desktop-Filmrecorder, der mit Ihrem Computer verbunden sein muss.

Übung 3: Übungen zum Drucken

1) Drucken Sie Handzettel für die gesamte Präsentation, mit zwei Folien auf jeder Seite.
2) Drucken Sie die ersten drei Seiten der Präsentation.
3) Drucken Sie die erste und vierte Seite der Präsentation.

Verwendung der Online-Hilfe

Die in *PowerPoint* integrierte Online-Hilfe stellt zusätzliche Informationen zur Verfügung, um Ihnen bei der Verwendung der verschiedenen Funktionen behilflich zu sein und so den größten Nutzen aus der Software zu ziehen. Um die Online-Hilfe zu verwenden, klicken Sie zunächst auf ?/MICROSOFT POWERPOINT-HILFE. Schreiben Sie dann im Register *Index* das Wort, nach dem Sie suchen. Es wird eine Themenliste eingeblendet. Führen Sie einen Doppelklick auf das Thema aus, das Ihrem Interesse am nächsten kommt. Der Text zum Thema wird im rechten Fensterausschnitt angezeigt.

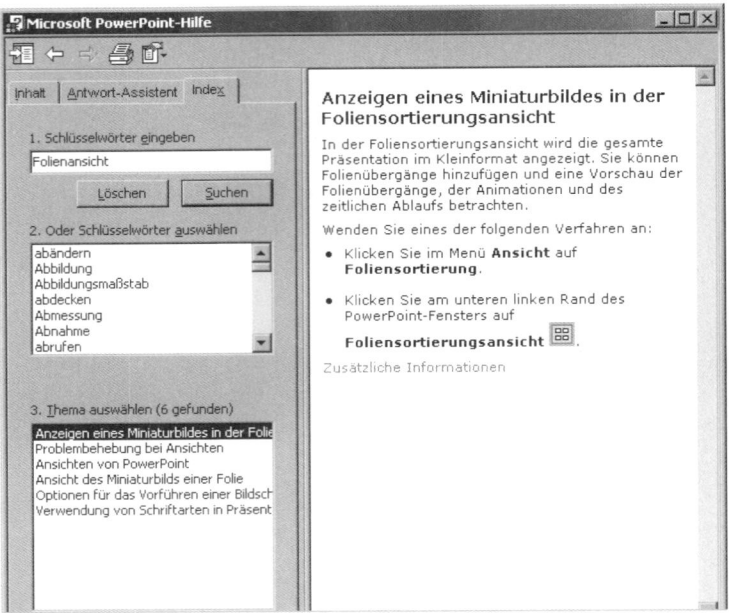

Schaltfläche Office-Assistent

Sie können auch über die Schaltfläche *Office-Assistent* Hilfe bekommen, oder (wenn *PowerPoint* so konfiguriert ist) durch Drücken der F1-Taste.

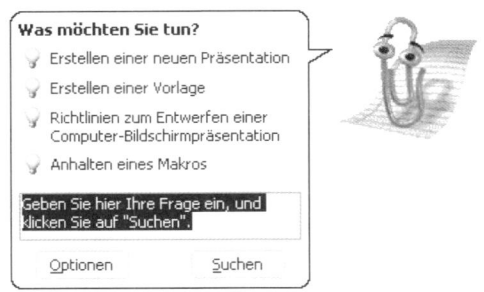

Sie sollten sich auf jeden Fall mit den Möglichkeiten der Online-Hilfe vertraut machen.

Die Anzeige der Symbolleiste verändern

Über die Optionen in der Menüleiste haben Sie Zugriff auf alle Funktionen, die *PowerPoint* Ihnen bietet. Es ist jedoch einfacher und auch schneller, Funktionen direkt durch den Klick auf eine der Schaltflächen auszuwählen, wobei die Schaltflächen in einer Symbolleiste angezeigt werden.

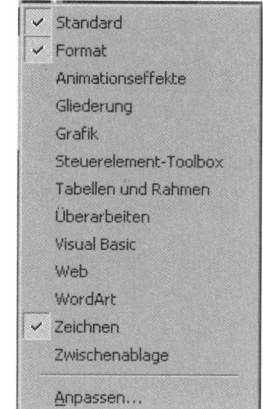

In *PowerPoint* können Sie sich eine Vielzahl von unterschiedlichen Symbolleisten anzeigen lassen, wobei jede einzelne von ihnen verschiedene Funktionen abdeckt. Klicken Sie auf ANSICHT/SYM-BOLLEISTEN. Wenn sie nicht schon angezeigt werden, aktivieren Sie die Symbolleisten *Standard*, *Format* und *Zeichnen*. Dies ist die beste Auswahl für das Arbeiten in diesem Modul.

Eine Präsentation schließen

Um die Präsentation zu schließen, wählen Sie DATEI/SCHLIESSEN oder klicken Sie auf das Schließenfeld im Präsentationsfenster.

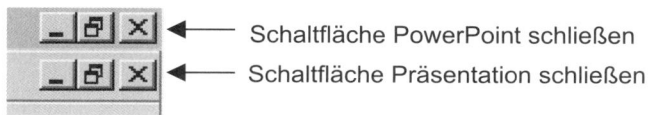

Schaltfläche PowerPoint schließen
Schaltfläche Präsentation schließen

Wenn Sie seit dem letzten Speichern Änderungen an der Präsentation vorgenommen haben, werden Sie von *PowerPoint* aufgefordert, diese Änderungen vor dem Schließen zu speichern.

PowerPoint beenden

Um *PowerPoint* zu beenden, wählen Sie DATEI/BEENDEN oder klicken Sie auf das Schließenfeld im *PowerPoint*-Fenster.

Wenn Sie noch irgendwelche Dateien mit nicht gespeicherten Änderungen geöffnet haben, werden Sie von *PowerPoint* aufgefordert, diese zu speichern. Sie gelangen automatisch wieder zum *Windows-Desktop*.

Zusammenfassung der Lektion: Das haben Sie gelernt

Eine Präsentation ist ein Vortrag vor Publikum, der durch visuelle Hilfsmittel unterstützt wird. Die Hilfen können in Form von Bildschirmfolien oder Overhead-Folien und möglichen Handzetteln für das Publikum vorliegen.

Präsentations-Software wie *PowerPoint* hilft Ihnen bei der Erstellung von unterstützendem Material für Ihre Präsentationen.

Die Grundbausteine für eine Präsentation bezeichnet man als Folien.

Während der Arbeit mit *PowerPoint* können Sie Ihre Folien auf fünf verschiedene Arten anzeigen lassen: in der *Folienansicht*, der *Gliederungsansicht*, der *Foliensortierungsansicht*, der Ansicht *Notizenseite* und als *Bildschirmpräsentation*. Die Bildschirmpräsentation ist die Ansicht, die das Publikum bei Ihrem Vortrag zu sehen bekommt.

Sie können sich mit den Tasten Bild ↓ und Bild ↑ durch die Präsentation bewegen. Weitere Optionen stehen in der Folienansicht zur Verfügung.

Sie können Ihre Präsentation auch auf verschiedene Arten ausdrucken.

PowerPoint verfügt über eine Hilfefunktion mit Hinweisen und Informationen zu allen Programmfunktionen und vielen hilfreichen Tipps zum Erstellen von überzeugenden Präsentationen.

Sie können die Anzeige der Symbolleisten verändern, so dass die Funktionen, die Sie am häufigsten benötigen, auf direktem Wege verfügbar sind.

Lektion 2: Ihre ersten Folien erstellen

Zu dieser Lektion In dieser Lektion lernen Sie, wie man mit Hilfe von *PowerPoint* einfache Folien mit Text erstellt.

Neue Fähigkeiten Am Ende dieser Lektion sollten Sie in der Lage sein,
- eine neue Folie mit Text zu erstellen,
- Text in eine Folie einzugeben, zu bearbeiten und zu löschen,
- Text und andere Objekte in eine *PowerPoint*-Folie zu importieren,
- Objekte aus einer Folie zu löschen,
- eine Folie zu löschen,
- eine Präsentation auf Festplatte oder Diskette zu speichern.

Neue Wörter Am Ende dieser Lektion sollten Sie in der Lage sein, die folgenden Begriffe zu erklären:
- Platzhalter
- AutoLayout
- Hochformat
- Querformat

Eine neue Präsentation erstellen

So erstellen Sie eine neue Präsentation:

Wenn Sie *PowerPoint* schon verwendet haben und das Programm noch geöffnet ist, gehen Sie wie folgt vor:

- Wählen Sie DATEI/NEU, klicken Sie auf das Symbol für *Leere Präsentation* und auf OK. Wahlweise können Sie auch auf die Schaltfläche NEU in der Standardsymbolleiste klicken.

Wenn das Programm nicht geöffnet ist, gehen Sie wie folgt vor:

- Starten Sie *PowerPoint*, indem Sie auf das *PowerPoint*-Symbol klicken oder START/PROGRAMME/POWERPOINT wählen. Klicken Sie auf *Leere Präsentation* und auf OK.

Schaltfläche Neu

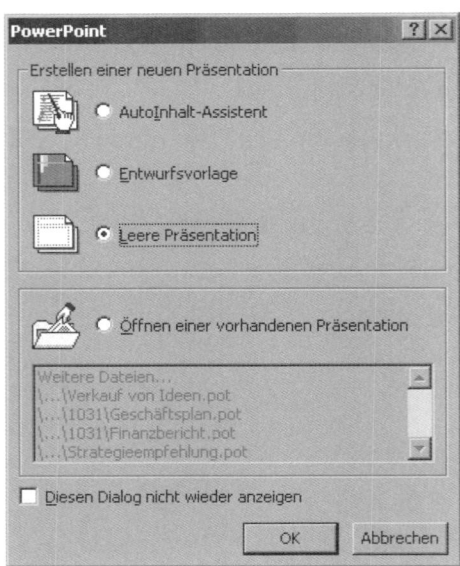

Alle Übungen dieser Lektion tragen zum Erstellen der neuen Präsentation bei.

Übung 4: Einen Platzhalter zur Eingabe von Text verwenden

1) Wenn Sie eine neue Präsentation erstellen, zeigt *PowerPoint* ein Dialogfeld an, das Ihnen eine Reihe von vorgefertigten Layouts (so genannte AutoLayouts) für Ihre Folien anbietet. Wenn Sie auf ein Layout klicken, wird der Name des Layouts rechts im Dialogfeld angezeigt.

   Wählen Sie das erste Layout aus, das *PowerPoint* mit dem Namen *Titelfolie* angibt, und klicken Sie auf OK.

2) Auf dem Bildschirm erscheint ein Bereich, in dem sich zwei Felder befinden, die durch gestrichelte Außenlinien gekennzeichnet sind. Diese Felder werden in *PowerPoint* als Platzhalter bezeichnet.

   Klicken Sie in den oberen Platzhalter.

3) Die Begrenzungslinie des Platzhalters verändert sich und im Feld erscheint ein blinkender Textcursor. Sie können jetzt Text in den Platzhalter eingeben.

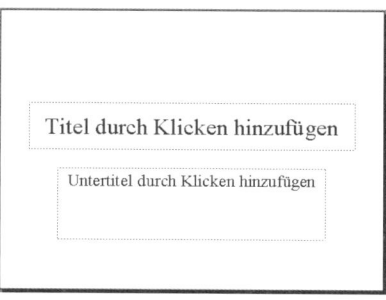

   Geben Sie den folgenden Text in den oberen Platzhalter ein:

   Vermarktung eines neuen Produkts

4) Klicken Sie in den zweiten Platzhalter und geben Sie folgenden Text ein:

   Runde Räder

   Ihr Bildschirm sollte nun wie die nebenstehende Abbildung aussehen.

Glückwunsch! Sie haben die erste Folie Ihrer ersten Präsentation in *PowerPoint* erstellt.

Außer in der Bildschirmpräsentation können Sie in jeder Ansicht in *PowerPoint* Text eingeben, bearbeiten oder löschen. Setzen Sie zum Bearbeiten den Cursor an die Stelle, an der Sie die Änderungen vornehmen möchten.

AutoLayout

Eines von 24 vorgefertigten Folien-Layouts. In der Regel enthalten Auto-Layouts Platzhalter für Text und andere Objekte, wie Grafiken und Diagramme.

Platzhalter

Ein Rahmen bzw. Feld innerhalb der Folie, in den man Text oder Grafik einfügen kann.

Denken Sie daran:

- Klicken Sie in einen Platzhalter, um ihn auszuwählen und Text eingeben oder bearbeiten zu können.

- Klicken Sie außerhalb des Platzhalters, um die Auswahl aufzuheben.

Querformat oder Hochformat?

Die meisten Kinoleinwände, Fernsehbildschirme und Computerbildschirme sind breiter als hoch. Dieses Format wird als *Querformat* bezeichnet, die Alternative dazu (höher) ist *Hochformat*. Die meisten Ihrer Präsentationen werden wohl im Querformat erstellt werden. Sollten Sie aber einmal eine Präsentation im Hochformat benötigen, wählen Sie DATEI/SEITE EINRICHTEN und klicken Sie dann unter ORIENTIERUNG, FOLIE, *Hochformat* an.

Folien zu Ihrer Präsentation hinzufügen

Nach der Titelfolie möchten Sie sicherlich noch weitere Folien erstellen, die den Hauptteil Ihrer Präsentation beinhalten. Gehen Sie dabei wie folgt vor:

Übung 5: Folien zu einer Präsentation hinzufügen

Schaltfläche Neue Folie

1) Wählen Sie EINFÜGEN/NEUE FOLIE oder klicken Sie auf die Schaltfläche NEUE FOLIE in der Standardsymbolleiste.

2) Wählen Sie das Folien-Layout, das Sie verwenden möchten.

   Für unsere Übung wählen Sie bitte *Aufzählung*.

   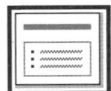

3) Klicken Sie in den ersten Platzhalter und schreiben Sie: *Hervorragende Merkmale*.

4) Klicken Sie in den zweiten Platzhalter und schreiben Sie: *Ruhiges Reisen sorgt für Wohlbefinden beim Fahrgast*.

5) Drücken Sie ENTER. *PowerPoint* erzeugt ein zweites Aufzählungszeichen in einer neuen Zeile. Schreiben Sie: *Verringerter Benzinverbrauch*.

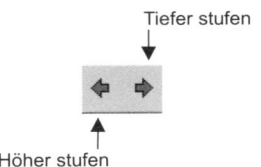

6) Drücken Sie ENTER. Geben Sie weiter die unten aufgeführten Daten ein. Verwenden Sie die Schaltfläche TIEFER STUFEN, um eine zweite Auflistungsebene für die verschiedenen Transportmittel zu erzeugen. (Verwenden Sie die Schaltfläche HÖHER STUFEN, um sie auf die erste Stufe zu heben.)

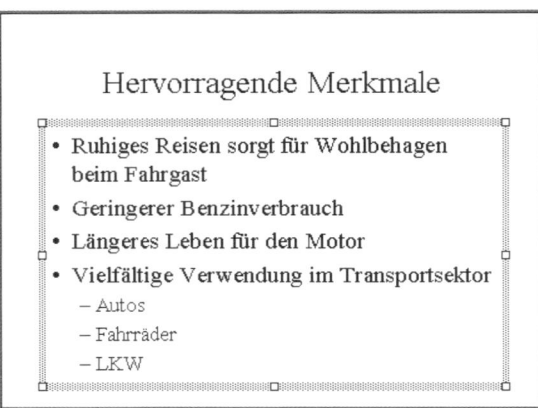

Gut gemacht! Sie haben schon zwei Folien erstellt.

Verwenden der Gliederungsansicht

Die wahrscheinlich beste Art, Ihre Gedanken und Ideen zu ordnen, ist die Gliederungsansicht. Diese Ansicht ermöglicht es, den Text aller Folien wie in einem Inhaltsverzeichnis zu betrachten. In der Gliederungsansicht können Sie Text eingeben, bearbeiten und löschen. Sie können über diese Ansicht auch die Reihenfolge der Folien verändern und den Text so anordnen, dass wichtige Textteile auffälliger hervortreten.

> **Gliederungsansicht**
>
> *Zeigt den Text aller Folien Ihrer Präsentation an, so dass Sie beurteilen können, wie Ihre Ideen und der dazugehörige Text einen fließenden Übergang von einer Folie zur nächsten bilden.*

Schaltfläche Gliederungsansicht

Um Ihre Präsentation in der Gliederungsansicht zu betrachten, wählen Sie ANSICHT/NORMAL oder klicken Sie auf die Schaltfläche GLIEDERUNGSANSICHT.

Sie können die Schaltflächen der Gliederungssymbolleiste verwenden, um Folien oder Text zu verschieben, nur Folientitel anzuzeigen und den Einzug von Titel und Text zu ändern. Versuchen Sie es mal!

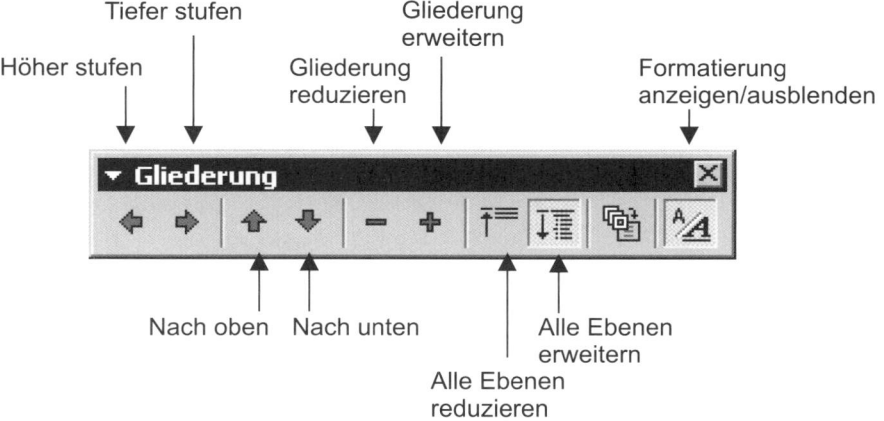

Übung 6: In der Gliederungsansicht Folien hinzufügen

1) Wenn Sie in die Gliederungsansicht gehen, sehen Sie den Text der Folien, die Sie schon erstellt haben. Klicken Sie ans Ende des Textes und drücken Sie ENTER.

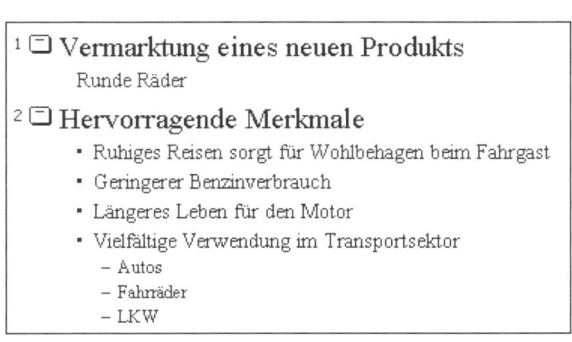

2) Geben Sie die Überschrift für die nächste Folie ein: *Vorteile und Nachteile*. Sie werden bemerken, dass der Text die Eigenschaften der vorherigen Textzeile übernimmt. Der Text erscheint als Strichaufzählung auf Folie Nummer 2.

3) Korrigieren Sie den Status der Überschrift unter Verwendung der Schaltfläche HÖHER STUFEN in der Symbolleiste. Wenn die oberste Stufe der Hierarchie erreicht ist (der Text also die höchste Stufe eingenommen hat), wird dem Text automatisch eine Folie Nummer 3 zugeordnet.

4) Geben Sie den Text des ersten Vorteils ein: *Schneller*. Drücken Sie ENTER. Sie werden wieder feststellen, dass der Text die Eigenschaften der vorherigen Textzeile annimmt. Der Text erscheint wiederum auf einer separaten Folie. Verwenden Sie die Schaltfläche TIEFER STUFEN, um den Text als Unterpunkt aufzuführen. Geben Sie die noch verbleibenden Vor- und Nachteile, wie abgebildet, ein.

```
3 ▢ Vorteile und Nachteile
     • Schneller
     • Ruhiger
     • Leichter zu starten
     • Schwieriger zu kontrollieren
     • Bestehende Ausrüstung muss ersetzt werden
     • Sehr langweilig
```

5) Fügen Sie vier weitere Folien mit dem unten angegebenen Text hinzu. Die letzten drei Folien bestehen nur aus einer Überschrift.

```
4 ▢ Ein erster Blick auf das neue Produkt
     • Fantastischer Durchbruch in der Rad-Technology
     • Beantragung weltweiter Patente
     • Produktionsbeginn 2. Halbjahr 2000
5 ▢ Verkauf & Marketing
6 ▢ Verkaufsvorführung
7 ▢ Plan zur Produktidentität
```

Schaltfläche
Folienansicht

Schaltfläche
Bildschirmpräsentation

6) Klicken Sie auf die Schaltfläche FOLIENANSICHT oder wählen Sie ANSICHT/NORMAL. Bewegen Sie sich vorwärts und rückwärts durch Ihre Präsentation (mit den verschiedenen, in der vorherigen Lektion beschriebenen Methoden), um sich das Ergebnis Ihrer Arbeit anzuschauen.

7) Klicken Sie auf die Schaltfläche BILDSCHIRMPRÄSENTATION oder wählen Sie ANSICHT/BILDSCHIRMPRÄSENTATION. Bewegen Sie sich auch in diesem Modus vorwärts und rückwärts durch Ihre Präsentation, um zu sehen, welche Wirkung sie auf ein Publikum haben könnte.

Sie werden mittlerweile erkannt haben, dass Sie mit *PowerPoint* sehr schnell eine akzeptable Präsentation erstellen können.

PowerPoint geht, wie Sie sicherlich bemerkt haben, davon aus, dass einige der Folien noch zusätzlichen Text erhalten sollen, und hat daher Platzhalter eingefügt. (Der Platzhaltertext *Text durch klicken hinzufügen* wird in der Bildschirmpräsentation nicht angezeigt.)

Text innerhalb von PowerPoint kopieren

Um Text von einer Folie in eine andere oder von einer Position der Folie an eine andere zu kopieren, markieren Sie den Text durch Klicken und Ziehen und wählen dann BEARBEITEN/KOPIEREN (oder verwenden Sie einfach die Tastenkombination STRG+c). Setzen Sie den Cursor an die Position, an welcher der Text erscheinen soll, und wählen Sie BEARBEITEN/EINFÜGEN (oder drücken Sie STRG+v).

Übung 7: Text innerhalb von PowerPoint verschieben

1) Öffnen Sie Folie Nummer 3 (*Vorteile und Nachteile*) in der Folienansicht.

2) Wählen Sie FORMAT/FOLIENLAYOUT und als Layout *Zweispaltiger Text*.

   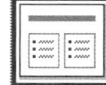

   Klicken Sie auf ÜBERNEHMEN.

3) Markieren Sie die letzten drei Punkte in der Aufzählung.

4) Wählen Sie BEARBEITEN/AUSSCHNEIDEN.

5) Klicken Sie in den rechten Platzhalter.

6) Wählen Sie BEARBEITEN/EINFÜGEN.

7) Die drei *Nachteile* werden an diese Position verschoben.

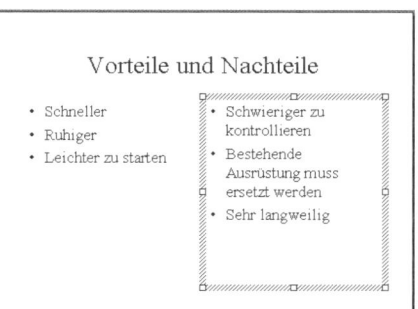

Text aus einer anderen Anwendung importieren

Sie können auch Text aus einer anderen Anwendung, z.B. *Microsoft Word*, in *PowerPoint* verwenden, ohne dass Sie ihn noch einmal schreiben müssen. Der einfachste Weg ist der, den Text in der anderen Anwendung zu markieren und BEARBEITEN/KOPIEREN zu wählen (oder STRG+c zu drücken). Anschließend setzen Sie in *PowerPoint* den Cursor an die Position, an welcher der Text erscheinen soll, und wählen BEARBEITEN/EINFÜGEN (oder STRG+v). Sie können den Text in jeder beliebigen Ansicht in *PowerPoint* einfügen, außer in der Bildschirmpräsentation.

Sie können auch eine *Word*-Datei in *PowerPoint* öffnen. Wählen Sie DATEI/ÖFFNEN, dann die gewünschte Datei und klicken Sie auf ÖFFNEN. *PowerPoint* stellt Vermutungen darüber an, wie es den Text behandeln soll. Wenn Sie in *Word* keine Formatierung vorgenommen haben, wird jeder Absatz als eigene Folie behandelt. Wenn Sie *Word*-Absatzformate oder Tabs verwendet haben, versucht *PowerPoint* dies so gut wie möglich zu berücksichtigen. In jedem Fall können Sie den Text, wie weiter unten angezeigt, neu anordnen und neu formatieren.

Die nächste Übung zeigt Ihnen die *Kopieren/Einfügen*-Technik.

Übung 8: Text aus einer anderen Anwendung kopieren

1) Wählen Sie ?/MICROSOFT POWERPOINT HILFE oder drücken Sie F1, gehen Sie in das Register *Index* und geben Sie das Wort *importieren* ein. Es wird eine Themenliste eingeblendet. Klicken Sie auf *Wissenswertes über das Importieren von Text aus anderen Programmen*.

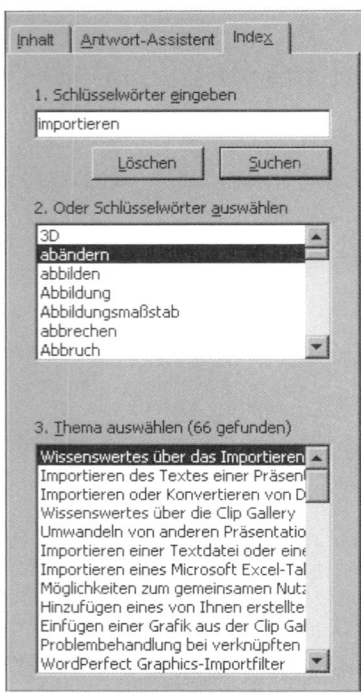

2) Wählen Sie den ersten Absatz des Textes in der Hilfeseite aus.

   Führen Sie einen Rechtsklick auf den ausgewählten Text aus und wählen Sie aus dem Kontextmenü KOPIEREN. Schließen Sie das Dialogfeld *Hilfe*.

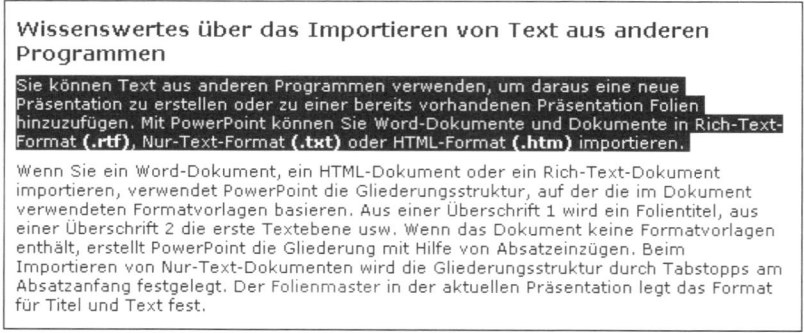

3) Wählen Sie in *PowerPoint* die Gliederungsansicht. Setzen Sie den Cursor ans Ende von Folie Nummer 6 (Verkauf &Marketing).

   Drücken Sie ENTER (um eine neue, leere Folie einzufügen).

4) Wählen Sie BEARBEITEN/EINFÜGEN.

   Der Absatz des Hilfetextes wird als Folie Nummer 7 angezeigt.

> 6 ☐ Verkaufsvorführung
>
> 7 ☐ Sie können Text aus anderen Programmen verwenden, um daraus eine neue Präsentation zu erstellen oder zu einer bereits vorhandenen Präsentation Folien hinzuzufügen. Mit PowerPoint können Sie Word-Dokumente und Dokumente in Rich-Text-Format (**.rtf**), Nur-Text-Format (**.txt**) oder HTML-Format (**.htm**) importieren.
>
> 8 ☐ Plan zur Produktidentität

5) Verwenden Sie die Schaltfläche TIEFER STUFEN, um den Text zu einem Teil von Folie Nummer 6 zu machen.

> 6 ☐ Verkaufsvorführung
> - Sie können Text aus anderen Programmen verwenden, um daraus eine neue Präsentation zu erstellen oder zu einer bereits vorhandenen Präsentation Folien hinzuzufügen. Mit PowerPoint können Sie Word-Dokumente und Dokumente in Rich-Text-Format (**.rtf**), Nur-Text-Format (**.txt**) oder HTML-Format (**.htm**) importieren.
>
> 7 ☐ Plan zur Produktidentität

Die letzte Folie wird wieder neu nummeriert, um sich den Veränderungen anzupassen.

Sie können die gleiche Technik anwenden, um Objekte aus anderen Anwendungen zu kopieren. So können Sie z.B. einen Zellbereich aus einem *Excel*-Arbeitsblatt auswählen, ihn kopieren (wie oben) und in die *PowerPoint*-Folie einfügen. Sie können auch ein in *Excel* erstelltes Diagramm, eine in *Word* erstellte Tabelle oder eine Grafikdatei (z.B. ein eingescanntes Bild) aus einem Grafikprogramm kopieren.

Eine Folie löschen

Um eine Folie zu löschen, setzen Sie den Cursor irgendwo in die Folie und wählen Sie BEARBEITEN/FOLIE LÖSCHEN. Dies ist in jeder Ansicht, außer der Bildschirmpräsentation, möglich.

Übung 9: Eine Folie löschen

1) Löschen Sie Folie Nummer 5 (*Verkauf und Marketing*) aus Ihrer Präsentation.

Eine Folie ausblenden

Wenn Sie eine bestimmte Folie in der *Bildschirmpräsentation* nicht anzeigen möchten, wählen Sie BILDSCHIRMPRÄSENTATION/FOLIE AUSBLENDEN.

Der Befehl Rückgänig

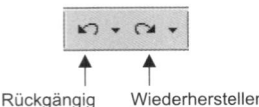

Rückgängig Wiederherstellen

Haben Sie falschen Text eingegeben oder die falsche Taste gedrückt? Haben Sie etwas gelöscht, das Sie nicht löschen wollten? *PowerPoint* erlaubt das Rückgängig machen der letzten ausgeführten Aktionen, wenn diese ungewollte Ergebnisse hervorgerufen haben. Wählen Sie BEARBEITEN/RÜCKGÄNGIG oder klicken Sie auf die Schaltfläche RÜCKGÄNGIG in der Standardsymbolleiste. Sie können Vorgänge, die Sie *rückgängig* gemacht haben, auch *wiederherstellen*. Wählen Sie BEARBEITEN/WIEDERHERSTELLEN oder klicken Sie auf die Schaltfläche WIEDERHERSTELLEN in der Standardsymbolleiste.

Übung 10: Gebrauch von Rückgängig

1) Wählen Sie BEARBEITEN/WIEDERHERSTELLEN. Die Präsentation wird in den Zustand versetzt, in dem sie war, bevor Sie die letzte Handlung vorgenommen haben.

2) Wiederholen Sie RÜCKGÄNGIG so lange, bis die Präsentation wieder in dem Zustand ist, in dem sie vor Übung 8 war.

Ihre Präsentation speichern

Schaltfläche Speichern

Um Ihre Präsentation zu speichern, wählen Sie DATEI/SPEICHERN oder klicken Sie auf die Schaltfläche SPEICHERN in der Standardsymbolleiste. Wie auch in anderen Programmen, müssen Sie Ihrer Präsentation einen Namen geben und auswählen, wo Sie die Datei speichern möchten.

Wählen Sie DATEI/SPEICHERN UNTER, um die Präsentation unter einem anderen als dem ursprünglichen Namen oder an einer anderen als der ursprünglichen Stelle abzuspeichern.

Übung 11: Ihre Präsentation auf Festplatte oder Diskette speichern

1) Speichern Sie die Präsentation, die Sie in dieser Lektion erstellt haben. Geben Sie ihr einen Namen, den Sie leicht behalten können und wiedererkennen, beispielsweise *Bmpräsentation* (wenn Ihre Initialen BM sind).

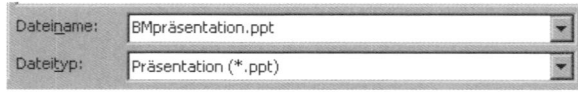

Schaltfläche Übergeordneter Ordner

2) Speichern Sie die Präsentation noch einmal, diesmal aber auf Diskette. Dazu müssen Sie so oft auf die Schaltfläche AUFWÄRTS klicken, bis Sie bei *Arbeitsplatz* angelangt sind. Schieben Sie eine Diskette ins Diskettenlaufwerk und klicken Sie auf das Symbol für Laufwerk A. Klicken Sie auf SPEICHERN.

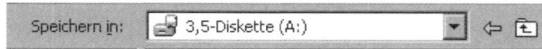

Zusammenfassung der Lektion: Das haben Sie gelernt

Um eine neue Folie zu erstellen, wählen Sie ein *AutoLayout*, das Ihren Vorstellungen und Bedürfnissen am nächsten kommt.

AutoLayouts verfügen über Platzhalter, in die Sie Ihren Text eingeben.

Wahlweise können Sie auch Daten aus einer anderen Anwendung, beispielsweise einer Textverarbeitung, importieren.

Sie können die Gliederungsansicht dazu verwenden, Ihre Gedanken zu sammeln und zu organisieren. Dabei müssen Sie sich nicht übermäßige Gedanken um die Formatierung oder den Stil machen.

Wenn Sie Änderungen vornehmen, die Ihnen dann doch nicht zusagen, können Sie diese rückgängig machen. Weiterhin können Sie Ihre Präsentation auf Festplatte oder Diskette speichern.

PowerPoint-Präsentationen haben die Dateierweiterung .ppt, .pps oder .pot.

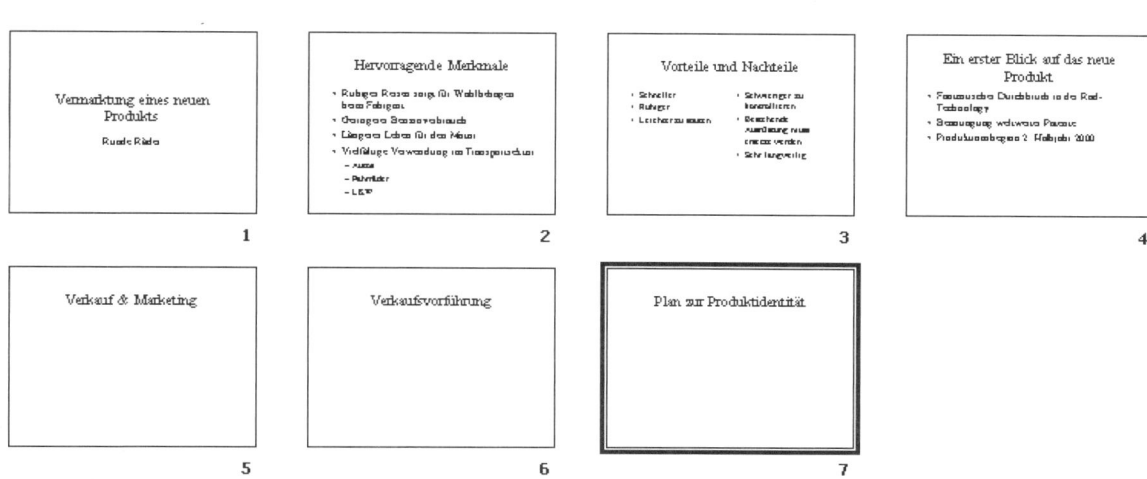

ECDL – Der Europäische Computer Führerschein

Lektion 3: Grafiken und Bilder hinzufügen

Zu dieser Lektion

In dieser Lektion lernen Sie, wie Sie Bilder und andere Grafiken in Ihre Folien einfügen.

Neue Fähigkeiten

Am Ende dieser Lektion sollten Sie in der Lage sein,

- einfache Grafikelemente (Linien, Kästchen etc.) in Folien einzufügen,
- Grafikmuster zu bearbeiten und zu löschen,
- Organisationsdiagramme, Balkendiagramme und Kreisdiagramme zu erstellen und zu verändern und sie in eine Präsentation einzufügen,
- eine Fotografie oder ein ClipArt in eine Folie einzufügen,
- Bilder zu kopieren und einzufügen (innerhalb einer Präsentation, zwischen verschiedenen Präsentationen und zwischen *PowerPoint* und anderen Programmen),
- Objekte in einer Folie zu verschieben, in ihrer Größe und Form zu ändern, zu drehen und zu kippen.

Neue Wörter

Am Ende dieser Lektion sollten Sie in der Lage sein, die folgenden Begriffe zu erklären:

- AutoFormen
- Organisationsdiagramm
- ClipArt

In dieser Lektion werden wir die in Lektion 2 erstellte Präsentation weiterentwickeln. Öffnen Sie die Präsentation, bevor wir mit den Übungen dieser Lektion beginnen.

Die Zeichenwerkzeuge in PowerPoint verwenden

Die Symbolleiste *Zeichnen* enthält einige Werkzeuge zum Zeichnen einfacher Objekte. Dazu gehören Linien, Pfeile, Rechtecke und Ellipsen.

Werkzeug Linie und Pfeil

Um eine Linie zu zeichnen, klicken Sie auf die Schaltfläche LINIE und setzen den Cursor dann an die Stelle, an der die Linie beginnen soll. Klicken Sie und ziehen Sie die Maus an die Stelle, an der die Linie enden soll. Lassen Sie die Maustaste wieder los.

Um einen Pfeil zu zeichnen, klicken Sie auf die Schaltfläche PFEIL und verfahren dann auf die gleiche Weise.

Sie können die Pfeilspitze oder die Richtung des Pfeils ändern, wenn Sie auf die Schaltfläche PFEILART klicken.

Werkzeug Rechteck

Um ein Rechteck zu zeichnen, klicken Sie auf die Schaltfläche RECHTECK und setzen den Cursor dann an die Stelle, an der sich eine Ecke des Rechtecks befinden soll. Klicken und ziehen Sie diagonal mit der Maus an die Stelle, an der die gegenüberliegende Ecke enden soll. Lassen Sie die Maustaste wieder los.

Um ein Quadrat zu zeichnen, halten Sie SHIFT gedrückt, während Sie mit der Maus ziehen.

Werkzeug Ellipse

Um eine Ellipse zu zeichnen, klicken Sie auf die Schaltfläche ELLIPSE und setzen den Cursor dann an die Stelle, an der die Form beginnen soll. Klicken und ziehen Sie die Maus, bis die Form die gewünschte Größe hat. Lassen Sie die Maustaste wieder los.

Um einen Kreis zu zeichnen, halten Sie SHIFT gedrückt, während Sie mit der Maus ziehen.

Linienfarbe und Linienart

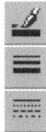

Wenn Sie eine gerade Linie, einen Pfeil, ein Rechteck und eine Ellipse zeichnen, können Sie die Farbe und die Dicke der Linie angeben. Klicken Sie auf die Schaltfläche LINIENFARBE und wählen Sie eine Farbe aus. Tun Sie dies entweder, bevor Sie die Linie ziehen, oder wenn die Linie noch ausgewählt ist, nachdem Sie sie gezeichnet haben.

Ändern Sie die Stärke der Linie, indem Sie auf die Schaltfläche LINIENART klicken.

Eine gestrichelte Linie (suchen Sie sich eine aus) erhalten Sie, indem Sie auf die Schaltfläche STRICHART klicken.

Füllfarbe

Verwenden Sie diese Schaltfläche, um eine Farbe auszuwählen, mit der ein Rechteck oder eine Ellipse gefüllt sein soll. Die verschiedenen Farbmöglichkeiten werden eingeblendet, wenn Sie auf den Pfeil klicken. Auch hier können Sie die Füllfarbe festlegen, bevor Sie die Form zeichnen, oder Sie wählen eine schon bestehende Form aus und weisen ihr eine Füllfarbe zu.

Textfeld

Mit einem Textfeld kann man einer Folie Text hinzufügen. Ein Textfeld fügen Sie auf die gleiche Art in eine Folie ein wie ein Rechteck. Danach können Sie dann Text hineinschreiben. Sie ändern das Textformat, indem Sie das Textfeld auswählen und über das Menü FORMAT die gewünschten Optionen (Schrift, Aufzählung, Ausrichtung) festlegen. Wenn Sie jedoch Text über ein Textfeld in eine Folie einfügen, wird dieser nicht in der Gliederungsansicht angezeigt.

Zeichenobjekte bearbeiten

Um die Form oder Größe eines Objekts zu verändern, das mit einem Zeichenwerkzeug erstellt wurde, klicken Sie auf das entsprechende Objekt, um es auszuwählen. Um das Objekt herum werden verschiedene Anfasser angezeigt. Klicken Sie auf einen dieser Anfasser und ziehen Sie so lange, bis das Objekt die gewünschte Form und Größe hat.

Cursorform zum Verschieben von Objekten

Die Position eines Objekts, das mit einem Zeichenwerkzeug erstellt wurde, verändern Sie, indem Sie zunächst auf das entsprechende Objekt klicken, um es auszuwählen. Klicken Sie irgendwo auf das Objekt, außer auf die Anfasser. Der Cursor verwandelt sich in eine Art Kreuz. Ziehen Sie nun das Objekt an die gewünschte Position.

Um ein Objekt zwischen einzelnen Folien zu verschieben, verwenden Sie die Befehle AUSSCHNEIDEN und EINFÜGEN im Menü BEARBEITEN.

Ein Objekt, das mit einem Zeichenwerkzeug erstellt wurde, drehen Sie in die eine oder andere Richtung um 90°, indem Sie zunächst durch Anklicken das entsprechende Objekt auswählen. Klicken Sie dann auf ZEICHNEN und wählen Sie aus dem Kontextmenü DREHEN ODER KIPPEN. Wählen Sie als Nächstes RECHTSDREHUNG oder LINKSDREHUNG. Das Objekt ändert unverzüglich seine Orientierung.

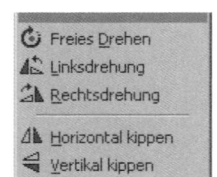

Ähnlich funktioniert das *Kippen* eines Objekts, das mit einem Zeichenwerkzeug erstellt wurde. Klicken Sie auf ein Objekt, um es auszuwählen, dann auf das Menü ZEICHNEN und im Kontextmenü auf DREHEN ODER KIPPEN. Wählen Sie HORIZONTAL KIPPEN oder VERTIKAL KIPPEN. Das Objekt ändert unverzüglich seine Orientierung.

Cursorform zum freien Drehen von Objekten

Um ein Objekt frei zu drehen, klicken Sie darauf, um es auszuwählen. Anschließend klicken Sie auf die Schaltfläche FREIES DREHEN. Die Anfasser werden durch Drehanfasser ersetzt. Klicken Sie auf einen dieser Drehanfasser (der Cursor ändert seine Form) und ziehen Sie das Objekt in seine neue Orientierung. Sie können die Drehung auf 15°-Schritte beschränken, indem Sie SHIFT gedrückt halten, währen Sie mit der Maus ziehen.

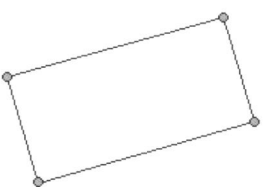

Ein Objekt, das mit einem Zeichenwerkzeug erstellt wurde, löschen Sie, indem Sie es durch Anklicken auswählen und ENTF drücken.

Übung 12: Formen zeichnen

1) Öffnen Sie Folie Nummer 7 (Plan zur Produktidentität) in der Folienansicht.

2) Den Platzhalter brauchen wir nicht. Wählen Sie FORMAT/ FOLIENLAYOUT und das Layout *Nur Titel*. Klicken Sie auf ÜBERNEHMEN.

3) Zeichnen Sie drei Kreise, wie in der nächsten Abbildung gezeigt. Die zwei großen Kreise haben eine Linienstärke von *6* Punkt, der kleinste von *3* Punkt. Alle Kreise sind *rot* mit *blauer* Füllung.

4) Fügen Sie neben den Kreisen ein Textfeld ein. Geben Sie den Text wie angegeben ein. Weisen Sie dem Text das Format *Arial, fett, 24* Punkt zu. Wählen Sie *Aufzählung*.

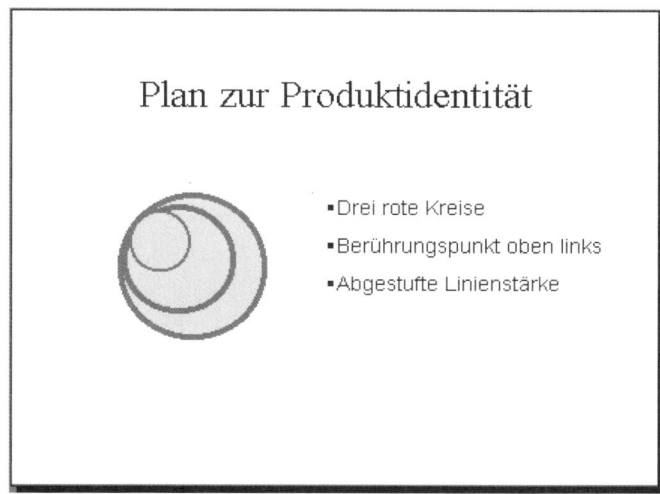

5) Speichern Sie die Präsentation.

Objekte gruppieren und Gruppierung wieder aufheben

Sie können Objekte gruppieren, um mit ihnen wie mit einem einzelnen Objekt zu arbeiten. Sie können gruppierte Objekte in einem Arbeitsschritt formatieren, verschieben, drehen, kippen und ihre Größe ändern.

Um Objekte zu gruppieren, halten Sie SHIFT gedrückt und klicken dann nacheinander jedes Objekt an. Klicken Sie auf die Schaltfläche ZEICHNEN in der Symbolleiste *Zeichnen* und wählen Sie den Befehl GRUPPIEREN.

Um die Gruppierung ausgewählter Objekte wieder aufzuheben, klicken Sie auf die Schaltfläche ZEICHEN in der Symbolleiste *Zeichnen*. Wählen Sie den Befehl GRUPPIERUNG AUFHEBEN.

AutoFormen einfügen

AutoFormen sind häufig verwendete fertige Formen, die Sie in Ihre Präsentation einfügen können. Dazu gehören *Linien*, *Standardformen*, *Elemente für Flussdiagramme*, *Sterne und Banner* und *Legenden*.

Wenn Sie eine AutoForm in eine Folie einfügen, können Sie ihre Größe und Farbe verändern und sie nach Belieben drehen.

Um eine AutoForm auszuwählen, klicken Sie auf die Schaltfläche AUTOFORMEN in der Symbolleiste *Zeichnen*. Wählen Sie eine Option aus dem eingeblendeten Kontextmenü.

AutoFormen

Fertige Formen, beispielsweise Linien, geometrische Formen und Elemente für Flussdiagramme, die Sie für Ihre Präsentation verwenden können.

Organisationsdiagramme einfügen

Organisationsdiagramme werden verwendet, um eine hierarchische Struktur bzw. Organisation zu veranschaulichen. Menschen oder Einheiten und ihre gegenseitigen Beziehungen sind durch Kästchen/Felder bzw. Linien symbolisiert. Natürlich könnten Sie ein *Organisationsdiagramm* mit einem Zeichenwerkzeug zeichnen, aber sie werden so häufig verwendet, dass *PowerPoint* ein eigenes Werkzeug dafür bereitstellt.

Organisationsdiagramm

Ein Diagramm, das dazu verwendet wird, die Menschen oder Einheiten in einer Organisation (durch Kästchen dargestellt) und ihre Beziehungen zueinander (durch Linien dargestellt) zu veranschaulichen.

So fügen Sie einer Folie ein *Organisationsdiagramm* hinzu.

- Beginnen Sie mit einer leeren Folie oder einer, die nur einen Titel hat, und wählen Sie EINFÜGEN/GRAFIK/ORGANISATIONSDIAGRAMM.

  -oder-

- Wählen Sie FORMAT/FOLIENLAYOUT und das *Organisationsdiagramm* als Layout aus. Klicken Sie auf ÜBERNEHMEN und führen Sie einen Doppelklick auf das Symbol *Organisationsdiagramm* aus.

  -oder-

- Wählen Sie EINFÜGEN/NEUE FOLIE und *Organisationsdiagramm* als Layout aus. Klicken Sie auf OK und führen Sie einen Doppelklick auf das Symbol *Organisationsdiagramm* aus.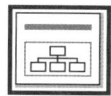

PowerPoint öffnet ein neues Fenster, das eine Organisationsdiagrammvorlage anzeigt und neue Menüs und Befehle anbietet. Das Menü FORMAT z.B. erlaubt Ihnen die Wahl aus verschiedenen Diagrammtypen, während die Menüs für TEXT, FELD und LINIE der Formatierung des jeweiligen Elements im Diagramm dienen.

Sie können die Vorlage nach Belieben verändern. Auch wenn die einzelnen Felder Beschriftungen wie *Hier Namen eingeben* oder ähnliches haben, können Sie jede beliebige Art von Information eingeben. Die Beschriftung ist lediglich zur Anleitung gedacht.

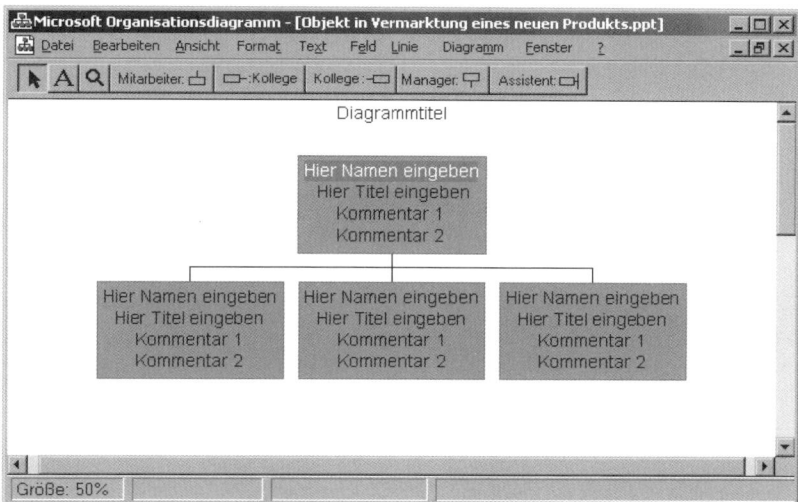

Übung 13: Ein Organisationsdiagramm einfügen

1) Öffnen Sie Folie Nummer 5 (Verkauf & Marketing) in der Folienansicht.
2) Wählen Sie FORMAT/FOLIENLAYOUT und das *Organisationsdiagramm* als Layout. Klicken Sie auf ÜBERNEHMEN.

3) Führen Sie einen Doppelklick auf das Symbol *Organisationsdiagramm* aus, um das Fenster *Organisationsdiagramm* zu öffnen.

4) Geben Sie wie unten angegeben den Text in die Vorlage ein.

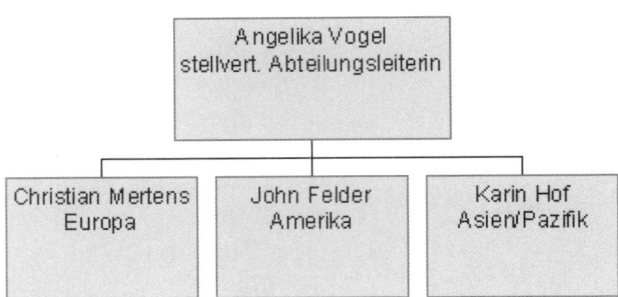

5) Wenn Sie mit den Arbeiten im Fenster *Organisationsdiagramm* fertig sind, kehren Sie zu Ihrer Folie zurück, indem Sie DATEI/SCHLIESSEN UND ZURÜCKKEHREN ZU: wählen. Im eingeblendeten Dialogfeld klicken Sie auf JA.

Innerhalb von *PowerPoint* können Sie ein Diagramm verschieben, seine Größe ändern oder es auch löschen. Für alle anderen Änderungen müssen Sie allerdings einen Doppelklick auf das Diagramm ausführen und die Änderungen über das Fenster *Organisationsdiagramm* vornehmen.

Übung 14: Die Struktur eines Organigramms ändern

1) Öffnen Sie Folie Nummer 5 (Verkauf & Marketing) in der Folienansicht. Doppelklicken Sie auf das Organisationsdiagramm.

2) Das Diagramm wird im Fenster *Organisationsdiagramm* geöffnet. Die Symbolleiste verfügt über Schaltflächen zum Hinzufügen von Feldern (*Mitarbeiter, Kollege, Manager, Assistent*) und Linien.

Klicken Sie auf die zweite Schaltfläche KOLLEGE.

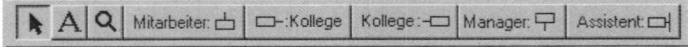

Klicken Sie auf das Feld *Karin Hof*. Ein neues Feld auf der gleichen Hierarchieebene wird erstellt und die übrigen Diagrammelemente werden neu angeordnet.

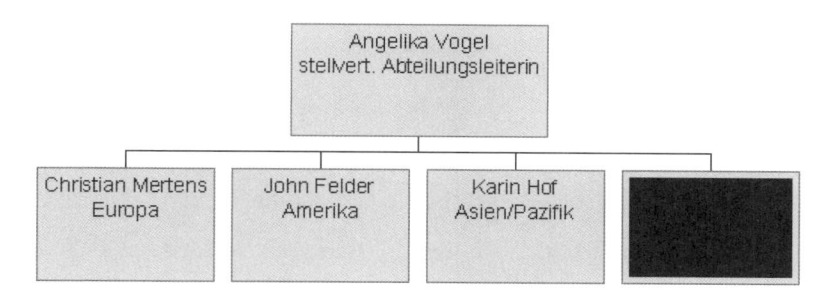

Verkaufsabteilung Rad

```
        ┌─────────────────────────┐
        │     Angelika Vogel      │
        │ stellvert. Abteilungsleiterin │
        └─────────────────────────┘
         │        │        │        │
┌──────────┐ ┌──────────┐ ┌──────────┐ ┌──────────┐
│Christian │ │John Felder│ │Karin Hof │ │          │
│Mertens   │ │ Amerika  │ │Asien/    │ │ ███████  │
│Europa    │ │          │ │Pazifik   │ │          │
└──────────┘ └──────────┘ └──────────┘ └──────────┘
```

Klicken Sie in das neue Feld und geben Sie den unten angezeigten Text ein.

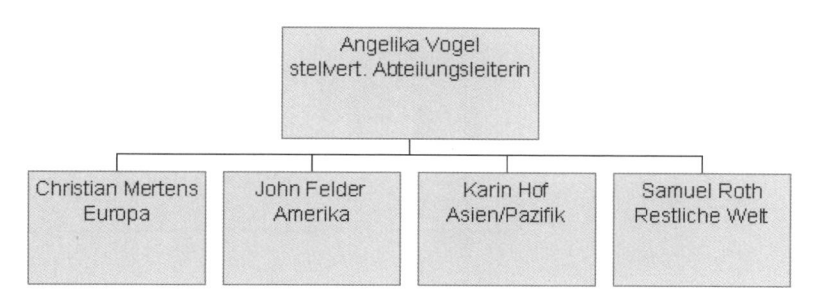

Verkaufsabteilung Rad

```
        ┌─────────────────────────┐
        │     Angelika Vogel      │
        │ stellvert. Abteilungsleiterin │
        └─────────────────────────┘
         │        │        │        │
┌──────────┐ ┌──────────┐ ┌──────────┐ ┌──────────┐
│Christian │ │John Felder│ │Karin Hof │ │Samuel Roth│
│Mertens   │ │ Amerika  │ │Asien/    │ │Restliche │
│Europa    │ │          │ │Pazifik   │ │Welt      │
└──────────┘ └──────────┘ └──────────┘ └──────────┘
```

3) Schließen Sie das Fenster *Organisationsdiagramm* und bestätigen Sie, dass Sie das Diagramm der Präsentation aktualisieren möchten.

Zahlenmaterial präsentieren

Bei vielen Gelegenheiten werden Sie nicht darum herum kommen, auch Zahlenmaterial zu präsentieren. Diese Art der Information wird in den meisten Fällen am besten in Form von Grafiken oder Diagrammen dargestellt. Sie haben Glück, *PowerPoint* verfügt über eine Funktion, um verschiedene Diagrammtypen in Ihre Folien einzufügen.

So fügen Sie eine Grafik oder ein Diagramm in eine Folie ein:

- Beginnen Sie mit einer leeren Folie oder einer, die nur einen Titel hat, und wählen Sie EINFÜGEN/DIAGRAMM.

    -oder-

- Wählen Sie FORMAT/FOLIENLAYOUT und dann das entsprechende Diagramm-Layout (oder Text und Diagramm oder Diagramm und Text). Klicken Sie auf ÜBERNEHMEN. Führen Sie einen Doppelklick auf das Symbol *Diagramm* aus.

    -oder-

- Wählen Sie EINFÜGEN/NEUE FOLIE und dann *ein* Diagramm-Layout aus. Klicken Sie auf OK. Führen Sie einen Doppelklick auf die Schaltfläche DIAGRAMM aus.

PowerPoint fügt ein Musterdiagramm in die Folie ein und zeigt in einem separaten Fenster eine Minidatenbank an, die die Zahlen und Titel enthält, auf denen das Diagramm basiert.

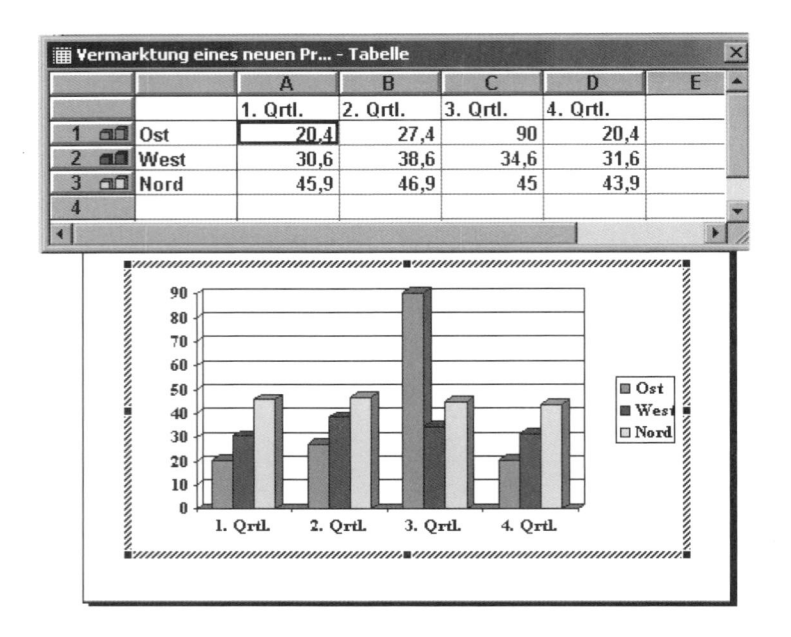

		A	B	C	D	E
		1. Qrtl.	2. Qrtl.	3. Qrtl.	4. Qrtl.	
1	Ost	20,4	27,4	90	20,4	
2	West	30,6	38,6	34,6	31,6	
3	Nord	45,9	46,9	45	43,9	
4						

Indem Sie die Zahlen und Titel ändern, verändern Sie das darunter liegende Diagramm. Indem Sie Daten in das Datenblatt eingeben, können Sie neue Spalten und Zeilen hinzufügen. Sie können Spalten und Zeilen löschen, indem Sie auf den Buchstaben oben in der Spalte oder die Zahl ganz links in der Zeile klicken (die Spalte/Zeile ändert die Farbe) und ENTF drücken. Wenn Sie fertig sind, schließen Sie das Fenster *Tabelle*.

Um die Farbe oder das Format irgendwelcher Elemente des Diagramms zu ändern, führen Sie einen Doppelklick darauf aus. Eine Reihe von Optionen, die sich auf das ausgesuchte Element beziehen, werden eingeblendet.

So ändern Sie Daten:

- Wählen Sie ANSICHT/DATENBLATT.

    -oder-

- Führen Sie einen Rechtsklick auf den Zeichnungsbereich (also in den Platzhalter des Diagramms, aber nicht auf ein Element) aus und wählen Sie DATENBLATT aus dem angezeigten Kontextmenü.

Das Datenblatt, auf dem das Diagramm basiert, wird angezeigt und Sie können darin Änderungen vornehmen.

So ändern Sie den Diagrammtyp:

- Wählen Sie DIAGRAMM/DIAGRAMMTYP.

-oder-

- Führen Sie einen Rechtsklick auf die Zeichnungsfläche aus, wie oben, und wählen Sie DIAGRAMMTYP.
- Wählen Sie aus dem Menü den *Diagrammtyp* und den *Diagrammuntertyp* aus. Die gebräuchlichsten Diagrammtypen sind *Säulen-*, *Linien-* und *Kreisdiagramme*.
    - **Säulendiagramme** werden in der Regel verwendet, um Daten darzustellen, die zu einem bestimmten Zeitpunkt gemessen werden.
    - **Liniendiagramme** werden in der Regel verwendet, um Tendenzen über einen Zeitraum hinweg darzustellen.
    - **Kreisdiagramme** werden in der Regel verwendet, um den Anteil einzelner Daten an einem Ganzen zu analysieren und aufzuschlüsseln. Dabei ist zu beachten, dass ein Kreisdiagramm immer auf einer einzigen Zahlenspalte basiert.

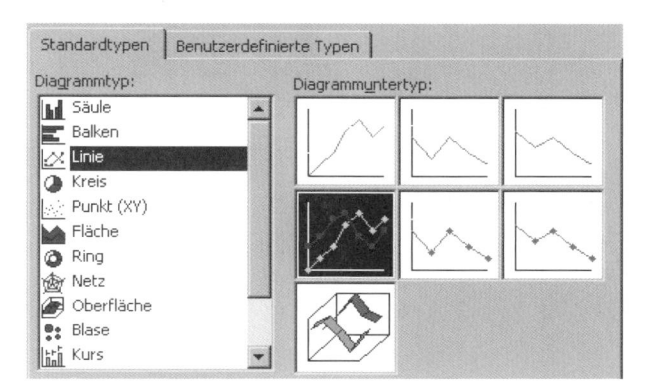

- Klicken Sie auf OK.

PowerPoint bietet Ihnen eine große Auswahl an Präsentationsmöglichkeiten für Diagramme. Einige davon haben jedoch eher dekorativen als informativen Charakter. Achten Sie also darauf, dass das, was Sie mitteilen möchten, nicht untergeht.

Übung 15: Ein Diagramm einfügen

1) Öffnen Sie Folie Nummer 6 (Verkaufsvorführung) in der Folienansicht.
2) Wählen Sie FORMAT/FOLIENLAYOUT und als Layout *Diagramm*.

    Klicken Sie auf ÜBERNEHMEN.
3) Führen Sie einen Doppelklick auf das Symbol *Diagramm* aus, um das Fenster *Datenblatt* zu öffnen.
4) Geben Sie, wie unten angegeben, den Text in die Vorlage ein.

		A	B	C	D	E
		1. Qrtl.	2. Qrtl.	3. Qrtl.	4. Qrtl.	
1	Europa	1000	1200	1300	1400	
2	Amerika	1200	1500	1400	1300	
3	Asien/Pazifik	750	500	250	250	
4	Restliche Welt	750	750	750	750	
5						

5) Wenn Sie die Arbeit im Fenster *Datenblatt* beendet haben, schließen Sie das Fenster und kehren zur Folie zurück.

Innerhalb von *PowerPoint* können Sie ein Diagramm verschieben, seine Größe ändern oder es auch löschen. Um Änderungen an den Daten des Diagramms vorzunehmen, müssen Sie allerdings einen Doppelklick auf das Diagramm ausführen und die Änderungen über das Fenster *Datenblatt* vornehmen.

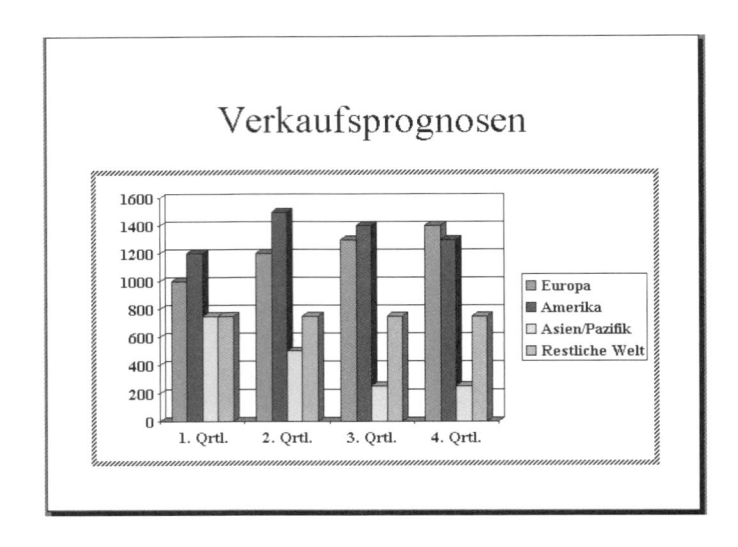

Bilder importieren

Sie können Ihre Folien auch mit eingefügten Grafiken und Zeichnungen aus anderen Anwendungen, eingescannten Fotos oder ClipArts illustrieren.

PowerPoint verfügt über eine ClipArt-Galerie, die Sie in verschiedenen Präsentationen verwenden können. Die Bilder sind in Kategorien zusammengefasst. Die Palette reicht von *Besondere Anlässe*, über *Tiere* bis hin zu *Zeichen*.

ClipArt

Eine Sammlung von Standardbildern, die immer wieder verwendet bzw. in Präsentationen und andere Dokumente eingebunden werden können.

So fügen Sie ein Bild in Ihre Folie ein:

- Beginnen Sie mit einer leeren Folie oder einer, die nur einen Titel hat, und wählen Sie EINFÜGEN/GRAFIK/CLIPART.

-oder-

- Wählen Sie FORMAT/FOLIENLAYOUT und das entsprechende Layout *ClipArt und Text* (oder *Text und ClipArt*). Klicken Sie auf ÜBERNEHMEN. Doppelklicken Sie auf das Symbol *ClipArt*.

-oder-

- Wählen Sie EINFÜGEN/NEUE FOLIE und *ClipArt und Text* als Layout aus. Klicken Sie auf OK. Doppelklicken Sie auf das Symbol *ClipArt*.

Eine ganze Galerie von Bildern wird eingeblendet. Wählen Sie das gewünschte Bild aus und klicken Sie auf das Symbol für CLIP EINFÜGEN.

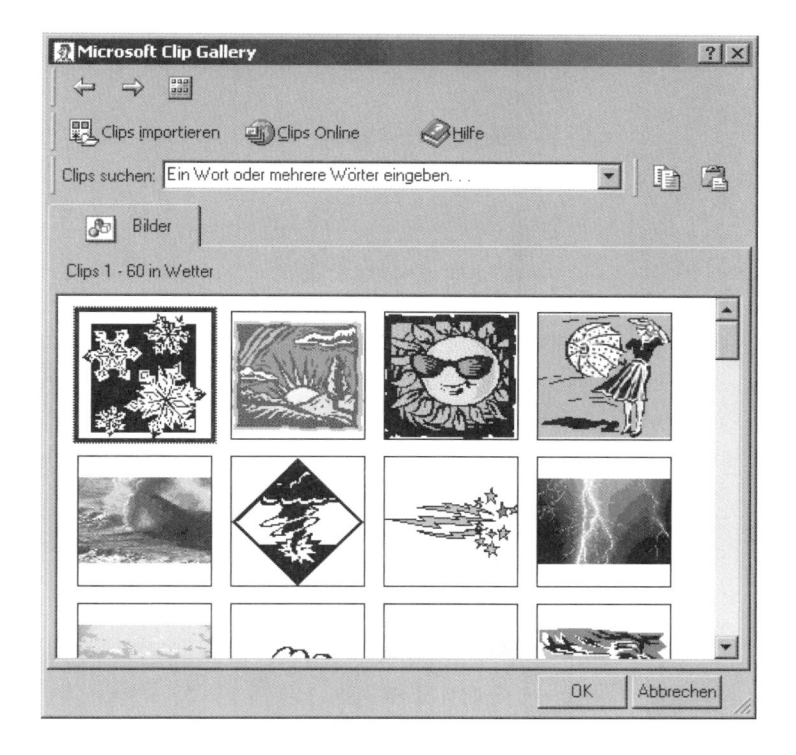

Übung 16: Ein Bild aus der ClipArt-Galerie einfügen

1) Öffnen Sie Folie Nummer 4 (Ein erster Blick auf das neue Produkt) in der Folienansicht.

2) Wählen Sie FORMAT/FOLIENLAYOUT und als Layout *ClipArt und Text*. Klicken Sie auf ÜBERNEHMEN.

3) Führen Sie einen Doppelklick auf das Symbol *ClipArt* aus, um die *ClipArt-Galerie* zu öffnen.

4) Durchsuchen Sie die Galerie nach einem passenden Bild. (Kleiner Tipp: Versuchen Sie es mal mit der Kategorie *Transport* oder *Formen*. Das Bild im Beispiel ist aus Sport und Freizeit.) Klicken Sie auf das Bild und dann auf das Symbol für Clip einfügen.

> **Ein erster Blick auf das neue Produkt**
> - Fantastischer Durchbruch in der Rad-Technology
> - Beantragung weltweiter Patente
> - Produktionsbeginn 2. Halbjahr 2000

Das Bild wird in die Folie eingefügt.

5) Klicken Sie auf die Schaltfläche BILDSCHIRMPRÄSENTATION oder wählen Sie ANSICHT/BILDSCHIRMPRÄSENTATION. Bewegen Sie sich vorwärts und rückwärts durch Ihre Präsentation, um zu sehen, welche Wirkung sie auf ein Publikum haben könnte.

6) Speichern Sie die Präsentation.

Sie können das Bild verschieben, seine Größe ändern oder es auch löschen. Genau wie Sie es auch mit jedem anderen Objekt tun können.

Um die Farbe, die Helligkeit oder den Kontrast des Bilds zu verändern, benötigen Sie die Symbolleiste *Grafik*. Wählen Sie entweder ANSICHT/SYMBOLLEISTEN/GRAFIK oder führen Sie einen Rechtsklick auf das Bild aus und wählen Sie dann GRAFIKSYMBOLLEISTE ANZEIGEN.

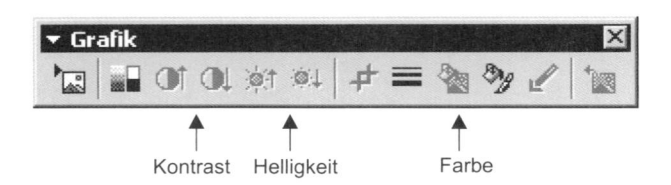

Kontrast   Helligkeit   Farbe

Alle Änderungen, die Sie vornehmen, werden auf dem Bildschirm angezeigt. Klicken Sie, wenn Sie fertig sind, auf das Schließenfeld rechts oben in der Grafiksymbolleiste.

Sie können in jede Folie ein Bild einfügen, auch wenn auf der Folie kein Symbol für Grafik vorhanden ist. Sie können jeder Folie ein Bild aus der ClipArt-Galerie hinzufügen, indem Sie EINFÜGEN/GRAFIK/CLIPART wählen.

Um ein eigenes Bild einzufügen, z.B. ein Firmenlogo, wählen Sie EINFÜGEN/GRAFIK/AUS DATEI und suchen dann die gewünschte Bilddatei aus. *PowerPoint* akzeptiert die meisten gängigen Formate für Bilddateien.

Sie können auch Bilder aus anderen Grafikprogrammen kopieren und wie in der vorherigen Lektion beschrieben in eine *PowerPoint*-Folie einfügen.

Sich von der Masse abheben

Durch das Hinzufügen von Schatten lassen sich Objekte in Ihren Folien hervorheben, so dass sie sich vom Hintergrund abheben. Wählen Sie das entsprechende Objekt aus und klicken Sie auf die Schaltfläche SCHATTEN in der Symbolleiste *Zeichnen*. Sie können aus einer Vielzahl von Schattenarten auswählen. Seien Sie bei der Wahl der Schattenfarbe vorsichtig, um nicht die Lesbarkeit Ihres Textes zu beeinträchtigen.

Übung 17: Einem Objekt einen Schatten hinzufügen

1) Öffnen Sie Folie Nummer 5 (Verkauf & Marketing) in der Folienansicht.
2) Wählen Sie das Diagramm aus, indem Sie irgendwo darauf klicken.
3) Klicken Sie auf die Schaltfläche SCHATTEN in der Symbolleiste *Zeichnen*. Wählen Sie *Schattenart 5*.

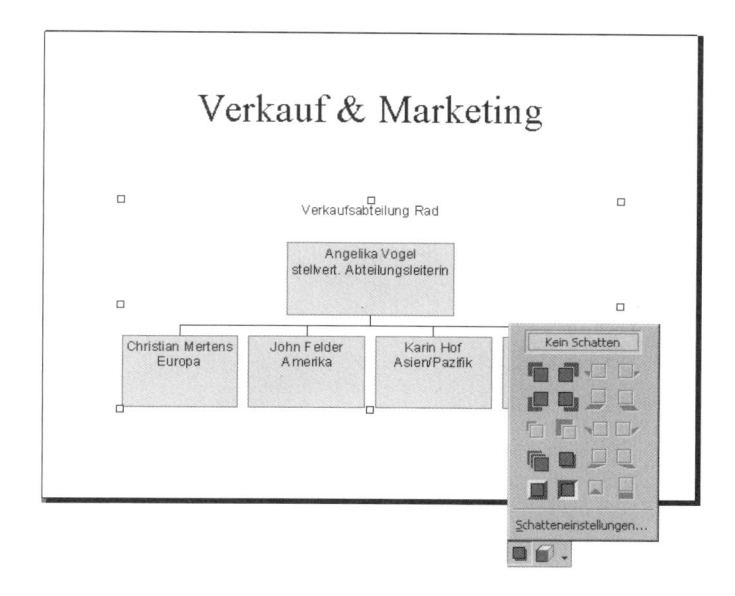

Klicken Sie noch einmal auf die Schaltfläche SCHATTEN.

4) Klicken Sie auf Schatteneinstellungen und in der Symbolleiste *Schatteneinstellungen* auf *Schattenfarbe*. Wählen Sie ein mittleres Blau als Schattenfarbe.

Schließen Sie die Symbolleiste *Schatteneinstellungen*.

5) Speichern Sie die Präsentation.

Zusammenfassung der Lektion: Das haben Sie gelernt

Sie können in *PowerPoint* einfache Formen (Linien, Pfeile, Rechtecke, Ellipsen) zeichnen, aber auch komplexere Formen (AutoFormen) hinzufügen.

Sie können die Form, Größe, Position und Farbe solcher Formen verändern, sie drehen, kippen und ihnen einen Schatten hinzufügen.

Organisationsdiagramme und andere Grafiken und Diagramme erstellen Sie, um Zahlenmaterial zu veranschaulichen.

Sie können auch Grafiken, Diagramme, Arbeitsblätter, Tabellen, Bilder, Fotografien, Karten usw., die in anderen Anwendungen erstellt wurden, importieren.

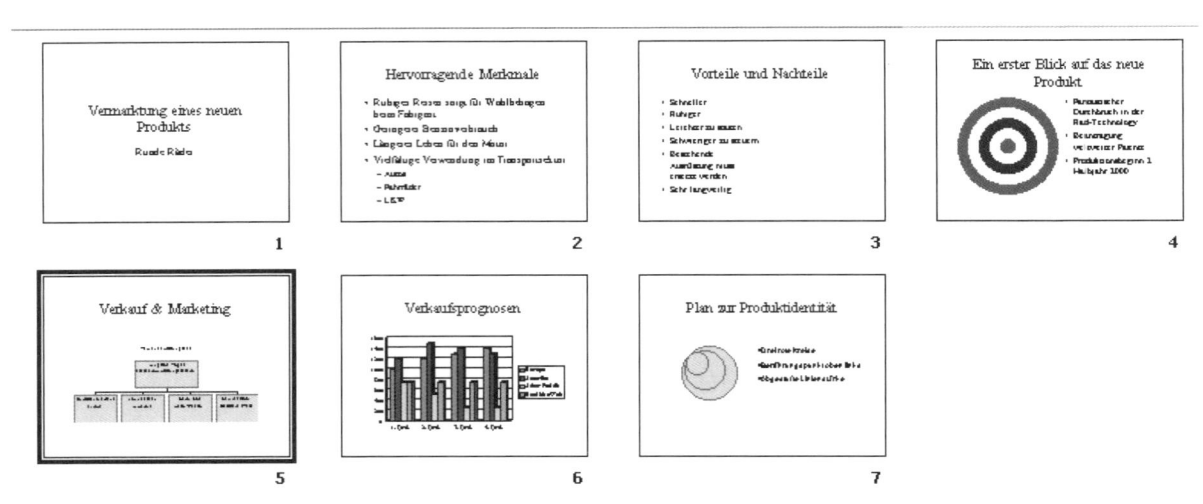

PowerPoint-Präsentationen: Die Präsentation füllt sich mit Inhalt.

Lektion 4: Ein einheitliches Image entwerfen

Zu dieser Lektion

Diese Lektion beschreibt, wie Sie einen einheitlichen Stil und eine Farbskala für Ihre Präsentation auswählen. Darüber hinaus zeigen wir Ihnen, wie Sie eine in sich stimmige typographische Form festlegen. Das alles sind wichtige Dinge, wenn Ihre Präsentation ein starkes, überzeugendes Image vermitteln soll. Wenn jede Ihrer Folien unterschiedlich aussieht, wirkt Ihre Information unaufgeräumt und unzusammenhängend.

Neue Fähigkeiten

Am Ende dieser Lektion sollten Sie in der Lage sein,

- ein einheitliches Design für Ihre Präsentation zu wählen,
- eine Farbskala auszuwählen und zu verändern,
- einen Hintergrund für Ihre Folien auszuwählen und zu verändern,
- Folienmaster zu verwenden, um die Einheitlichkeit Ihrer Folien zu gewährleisten,
- die Texteigenschaften einzelner Folien zu ändern,
- eine Präsentation als Vorlage für spätere Verwendungen zu speichern.

Neue Wörter

Am Ende dieser Lektion sollten Sie in der Lage sein, die folgenden Begriffe zu erklären:

- Entwurfsvorlage
- Farbskala
- Masterfolie
- Präsentationsvorlage

In dieser Lektion werden wir die in Lektion 2 und 3 erstellte Präsentation weiterentwickeln. Öffnen Sie die Präsentation, bevor wir mit den Übungen dieser Lektion beginnen.

Verwenden einer Entwurfsvorlage

PowerPoint bietet eine Vielzahl von Designvorschlägen, die Sie für Ihre Präsentation verwenden können. Sie können sie sofort und ohne Änderungen verwenden oder sie an Ihren persönlichen Geschmack oder an die Corporate Identity Ihres Unternehmens anpassen.

Sie können eine neue Präsentation auf Basis eines solchen Designs erstellen oder einer schon erzeugten Präsentation ein bestimmtes Design zuweisen.

Um eine neue Präsentation unter Verwendung einer *PowerPoint*-Entwurfsvorlage zu erstellen, wählen Sie DATEI/NEU. Klicken Sie auf das Register *Entwurfsvorlage* und wählen Sie ein Design aus der angebotenen Liste. Im rechten Fensterausschnitt sehen Sie eine Vorschau des jeweiligen Entwurfs. Wenn Sie das passende gefunden haben, klicken Sie auf OK.

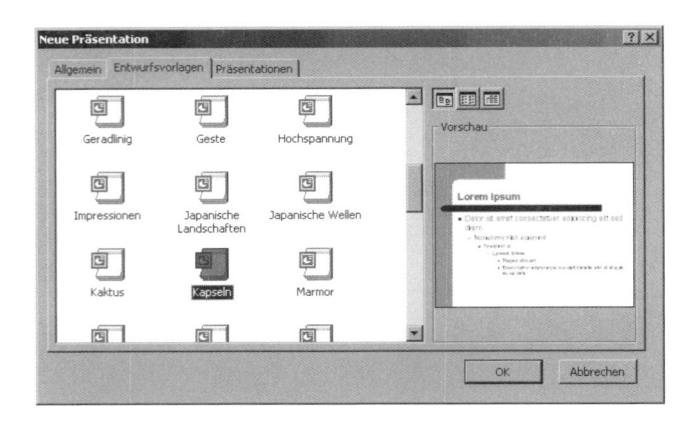

Um einer bestehenden Präsentation ein Design zuzuweisen, wählen Sie FORMAT/ENTWURFSVORLAGE ÜBERNEHMEN. Suchen Sie nach dem Ordner *Vorlagen* (normalerweise unter C:\Programm\ProgramFiles\Microsoft Office\Vorlagen\Präsentationen; die Dateinamen enden mit .pot). Wählen Sie eine beliebige Vorlage. (Zur Anzeige einer Vorschau klicken Sie auf die Schaltfläche VORSCHAU.) Klicken Sie auf ÜBERNEHMEN.

Übung 18: Einen Entwurf auswählen

1) Weisen Sie Ihrer vorher erstellten Präsentation eine neue Entwurfsvorlage zu. Verwenden Sie die Entwurfsvorlage *Kapseln*.

2) Speichern Sie die Präsentation.

3) Klicken Sie auf die Schaltfläche BILDSCHIRMPRÄSENTATION oder wählen Sie ANSICHT/BILDSCHIRMPRÄSENTATION. Bewegen Sie sich vorwärts und rückwärts durch Ihre Präsentation, um zu sehen, wie sie auf ein Publikum wirken würde.

Die Vorlage zu Ihrer eigenen machen

Die Vorlage legt einen typographischen Rahmen für die Präsentation fest und verwendet grafische Elemente (Linien, Farben, Hintergrundbilder), um ein einheitliches Ganzes zu schaffen. Sie können diese

Vorgaben ändern, um die Vorlage zu Ihrem eigenen Design zu machen. Statt jede Folie einzeln zu ändern, können Sie globale Änderungen vornehmen. Das erspart Ihnen viel Arbeit und Mühe und hilft dabei, Ihren Folien ein einheitliches Aussehen zu geben.

Die Farbskala verändern

PowerPoint verfügt über eine Reihe von eingebauten Farbschemata. Jedes Schema besteht aus acht aufeinander abgestimmten Farben.

Wenn Sie eine Farbskala auswählen, weist *PowerPoint* bestimmten Folienelementen die verschiedenen Farben des Schemas zu. Die verschiedenen Elemente sind z.B. Titeltext (der Text im Platzhalter *Titel*), nicht-Titel-Text, Hintergrund, Füllung von Grafiken usw.

Übung 19: Eine Farbskala zuweisen

1) Wählen Sie FORMAT/FOLIENFARBSKALA. Suchen Sie sich im Register *Standard* eine Farbskala aus. Nehmen Sie für die Übung die erste Farbskala in der ersten Reihe, das Schema mit dem dunklen Hintergrund.

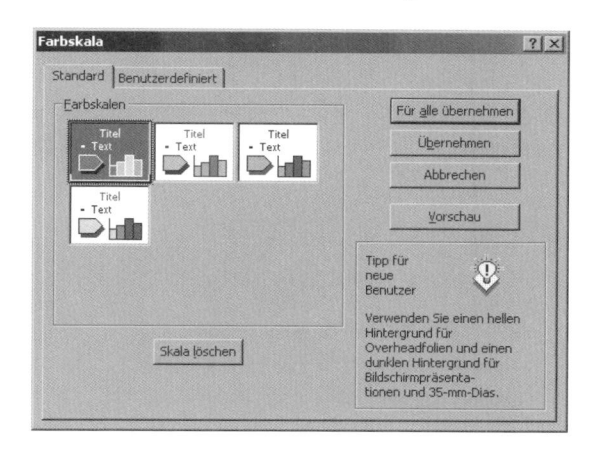

2) Im Register *Benutzerdefiniert* wählen Sie *Text und Zeilen* aus und klicken auf FARBE ÄNDERN. Gehen Sie auf Hellgelb. Wählen Sie *Akzent und Hyperlink* und ändern Sie die Farbe in ein mittleres Blau. Klicken Sie auf OK.

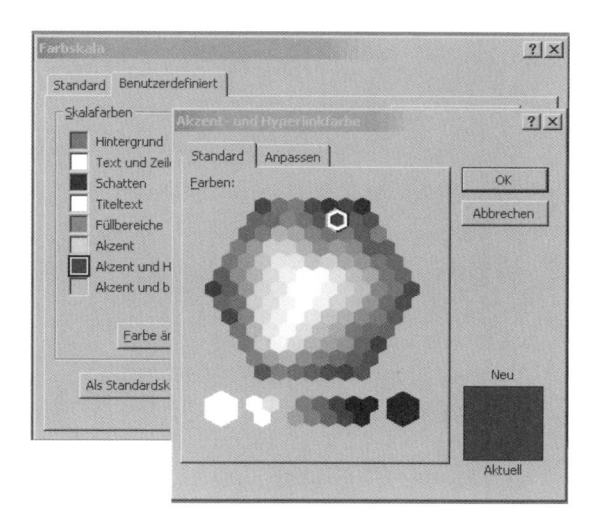

3) Klicken Sie auf FÜR ALLE ÜBERNEHMEN. Die neue Farbskala wird nun auf alle Folien der Präsentation angewendet.

4) Speichern Sie die Präsentation.

5) Klicken Sie auf die Schaltfläche BILDSCHIRMPRÄSENTATION und bewegen Sie sich vorwärts und rückwärts durch Ihre Präsentation, um zu sehen, wie sie auf ein Publikum wirken würde.

Farbskala

Eine Serie von acht aufeinander abgestimmten Farben, die Sie verwenden können, um Ihrer Präsentation ein attraktives, einheitliches Erscheinungsbild zu geben.

Den Hintergrund ändern

Über die Farbskala können Sie nur eine Hintergrundfarbe bestimmen. Wenn Sie nun aber statt einer einzigen Farbe gern einen Verlauf, eine Textur, ein Muster oder Bilder als Hintergrund festlegen möchten, so können Sie dies wie unten beschrieben tun. Wie so oft, auch hier ein mahnendes Wort: All diese Optionen sollen dazu dienen, Ihre Folien spannend und dynamisch zu machen. Wenn sie jedoch nicht mit Bedacht verwendet werden, kann das dazu führen, dass Ihre Folien unübersichtlich werden und an Lesbarkeit verlieren.

Übung 20: Den Hintergrund ändern

1) Wählen Sie FORMAT/HINTERGRUND.

   Wie auch in der Farbskala, können Sie eine einzelne Farbe auswählen. Das geschieht entweder über die Dropdown-Farbpalette oder über die Option WEITERE FARBEN.

   Die interessanteren Optionen finden sich allerdings in FÜLLEFFEKTE.

   Klicken Sie auf diese Option.

2) Es werden vier Register angezeigt: *Graduell, Struktur, Muster, Grafik*.

   In jedem Register wird, wenn Sie eine Option auswählen, rechts unten ein Beispiel angezeigt. Erkunden Sie die angebotenen Optionen ein wenig. Wählen Sie dann das Register *Graduell*.

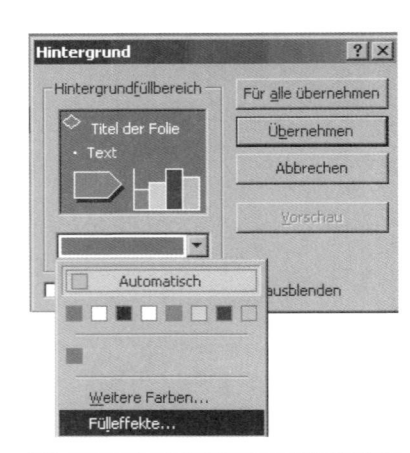

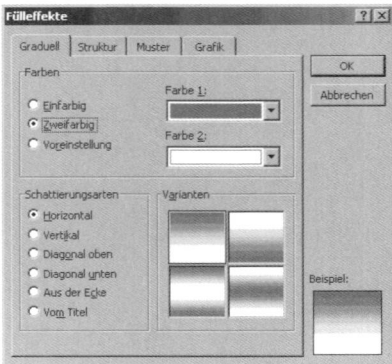

3) Klicken Sie die Option *zweifarbig* an. Wählen Sie für Farbe 1 *Dunkelblau* und für Farbe 2 *Hellblau*. Bestimmen Sie als Schattierungsart *Horizontal* und die erste Variante. Klicken Sie auf OK.

4) Klicken Sie auf FÜR ALLE ÜBERNEHMEN. Der neue Hintergrund wird nun auf alle Folien der Präsentation angewendet.

5) Speichern Sie die Präsentation. Sehen Sie sich die gesamte Präsentation noch einmal an, um zu sehen, wie sie auf Ihr Publikum wirken würde.

Der Folienmaster

Jede Folie, die in *PowerPoint* eingefügt wird, basiert auf der Formatvorlage eines Folienmasters.

Vom Folienmaster erhalten alle Folien ihr Standardtextformat und ihre Ausrichtung. Darüber hinaus erscheint alles, was Sie in die Masterfolie einfügen, automatisch auch in allen anderen Folien Ihrer Präsentation. Das ist eine nützliche Einrichtung für Firmenlogos oder grafische Elemente, wie Linien und Rahmen.

Um den Folienmaster anzuzeigen, wählen Sie ANSICHT/MASTER/FOLIEN-MASTER. Er besteht aus zwei Platzhaltern.

- **Platzhalter Titel:** Bestimmt das Format und die Position von Text in jedem Platzhalter Titel in Ihrer Präsentation.

- **Platzhalter Objekt:** Bestimmt das Format und die Position von Text in jedem Platzhalter, der nicht Titel ist.

Das Publikum bekommt den Folienmaster nie zu sehen. Es sieht nur die Auswirkungen auf den Folien Ihrer Präsentation.

Sie können die Standardeinstellungen des Folienmasters auf jeder einzelnen Folie überschreiben.

> **Folienmaster**
>
> *Der Folienmaster speichert alle Standardeigenschaften, die Sie neuen Folien zuweisen möchten. Dazu gehören Textformat und Textposition, Hintergrund und Standardgrafiken, wie z.B. ein Firmenlogo.*

Übung 21: Text in einem Folienmaster neu formatieren

In dieser Übung ändern Sie das Textformat Ihrer Präsentation, indem Sie die Vorgaben im Folienmaster ändern.

1) Wählen Sie ANSICHT/MASTER/FOLIENMASTER und markieren Sie den gesamten nicht-Titel-Text im unteren Platzhalter.

2) Wählen Sie FORMAT/ZEICHEN und ändern Sie die Schrift des ausgewählten Textes in *Arial, 28 Punkt, fett*. Bestätigen Sie mit OK.

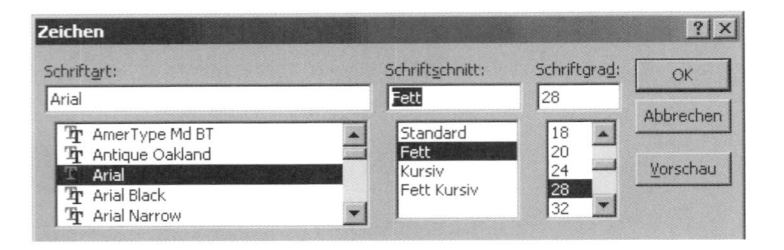

3) Wählen Sie ANSICHT/FOLIE. In den nicht-Titel-Platzhaltern aller Folien Ihrer Präsentation wurde die Schriftart des enthaltenen Textes geändert.

Sie können den Folienmaster auch dazu verwenden, andere Texteigenschaften in Ihrer Präsentation auf die gleiche Art und Weise zu ändern. Erkunden Sie die verschiedenen Optionen des Menüs FORMAT ein wenig. Im Besonderen sollten Sie folgende Möglichkeiten ausprobieren:

- **Aufzählungszeichen:** Sie können hier die Form der Aufzählungszeichen für die einzelnen Textebenen festlegen.

- **Ausrichtung:** Sie bestimmen hier, ob der Text rechts- oder linksbündig, zentriert oder als Blocksatz ausgerichtet werden soll.

- **Zeilenabstand:** Sie legen hier den Zeilenabstand innerhalb eines Absatzes oder den Abstand zwischen einzelnen Absätzen fest.

Text in einer einzelnen Folie formatieren

Die Entwurfsvorlage, die Farbskala und der Folienmaster helfen Ihnen dabei, bestimmte Regeln festzulegen und auf alle Folien Ihrer Präsentation anzuwenden. Wenn Sie möchten, können Sie diese Regeln aber auch für einzelne Folien brechen. Sie können den Text vergrößern oder verkleinern, die Schriftart oder den Schriftschnitt, die Textausrichtung oder den Abstand zwischen Zeilen und Absätzen ändern.

Um eine der oben beschriebenen Handlungen auszuführen, wählen Sie zunächst den entsprechenden Text aus. Gehen Sie dann wie folgt vor:

- Um die Schriftgröße oder den Schriftschnitt (kursiv, fett, unterstrichen, hochgestellt, tiefergestellt usw.), die Farbe oder den Effekt zu verändern, wählen Sie FORMAT/ZEICHEN oder klicken Sie auf die entsprechende Schaltfläche in der Formatsymbolleiste.

- Um die Textausrichtung zu verändern, wählen Sie FORMAT/AUSRICHTUNG oder klicken Sie auf die entsprechende Schaltfläche in der Formatsymbolleiste.

- Um den Abstand zwischen einzelnen Zeilen oder Absätzen zu ändern, wählen Sie FORMAT/ZEILENABSTAND oder klicken Sie, falls vorhanden, auf die Schaltfläche ABSATZABSTAND VERGRÖSSERN oder ABSATZABSTAND VERKLEINERN in der Formatsymbolleiste.

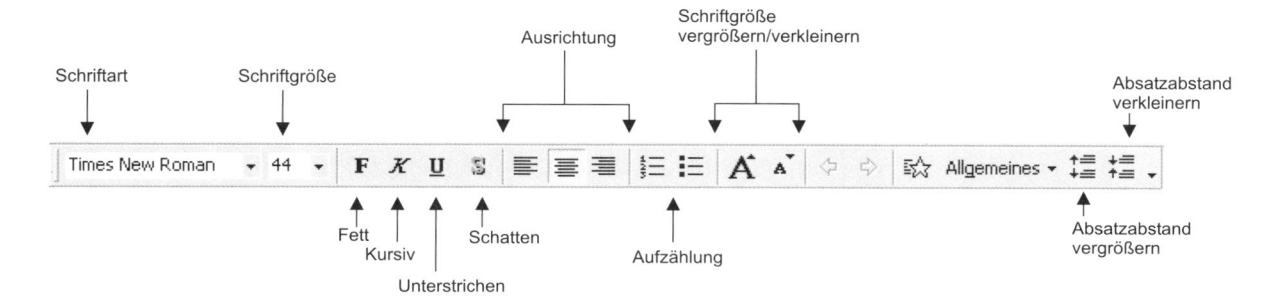

- Um die Groß-/Kleinschreibung eines Textes (ersten Buchstaben im Satz groß schreiben, Kleinbuchstaben, Großbuchstaben, ersten Buchstaben im Wort groß schreiben oder Groß-/Kleinschreibung umkehren) zu ändern, wählen Sie FORMAT/GROSS-/KLEINSCHREIBUNG und dann die gewünschte Möglichkeit.

Übung 22: Den Text in einer Folie formatieren

1) Öffnen Sie Folie Nummer 1 (Vermarktung eines neuen Produkts) in der Folienansicht.

2) Klicken Sie irgendwo in den zweiten Platzhalter, um ihn auszuwählen. Ziehen Sie die Maus über den Text, um ihn zu markieren.

3) Wählen Sie FORMAT/ZEICHEN und ändern Sie die Schrift in *Arial, 72* Punkt, *fett*.

4) Vergrößern Sie den Platzhalter, so dass er groß genug ist, den Text in einer einzigen Zeile anzuzeigen.

5) Markieren Sie den Text noch einmal und klicken Sie auf die Schaltfläche ZENTRIERT in der Formatsymbolleiste. Klicken Sie auf die Schaltfläche SCHATTEN in der Symbolleiste *Zeichnen* und wählen Sie *Schattenart 5*.

> **Vermarktung eines neuen Produkts**
>
> **Runde Räder**

6) Speichern Sie die Präsentation und blättern Sie einfach einmal durch, um das Ergebnis der Änderungen zu betrachten.

Objekten einen Rand hinzufügen

Jedes Objekt, das Sie zeichnen oder in eine Folie einfügen, verfügt über einen Rand, der es umgibt. Meistens ist dieser Rand unsichtbar (die Linienstärke steht auf Null), aber vielleicht möchten Sie ja die Linienstärke, -farbe oder -form ändern.

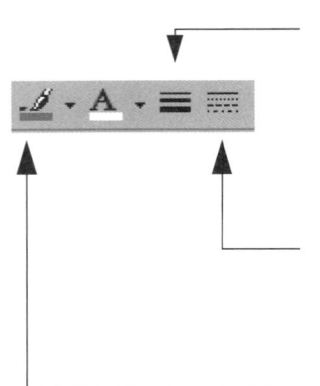

- Um die Linien, die ein Objekt umgeben, zu ändern, markieren Sie das Objekt, klicken auf die Schaltfläche LINIENART in der Symbolleiste *Zeichnen* und wählen dann die gewünschte Art aus dem angezeigten Menü.

- Um die Linien, die ein Objekt umgeben, in gestrichelte Linien zu ändern, markieren Sie das Objekt, klicken auf die Schaltfläche STRICHART in der Symbolleiste *Zeichnen* und wählen dann die gewünschte Art aus dem angezeigten Menü.

- Um die Farbe der Linie, die ein Objekt umgibt, zu ändern, markieren Sie das Objekt, klicken auf die Schaltfläche LINIENFARBE in der Symbolleiste *Zeichnen* und wählen dann die gewünschte Art aus dem angezeigten Menü.

- Um eine Linie, die ein Objekt umgibt, zu entfernen, wählen Sie einfach KEINE LINIE aus dem angezeigten Menü.

Tipps für eine gelungene Präsentation

Wenn Sie die in *PowerPoint* vorhandenen Entwurfsvorlagen und Farbskalen verwenden, dürften Ihnen Ihre Präsentationen in den meisten Fällen gelingen. Dennoch werden Sie hin und wieder eine Präsentation mit den weiter oben beschriebenen Funktionen an Ihre persönlichen Bedürfnisse anpassen wollen. Die zur Verfügung stehenden Möglichkeiten sind so weitreichend, dass das Ganze auch in einer Katastrophe enden kann. Wir möchten Ihnen daher ein paar Richtlinien für ein gutes Gelingen mit auf den Weg geben.

Wie viel sollte auf einer Folie stehen?	So wenig wie möglich. Gehen Sie mit Text möglichst sparsam um und verwenden Sie Überschriften und Aufzählungslisten. Geben Sie dem Publikum nicht die Möglichkeit, schon *vorzulesen*. Wenn das passiert, wird Ihnen niemand mehr zuhören und Ihre Botschaft wird nicht mehr wahrgenommen. Wenn Sie Informationen in einer Liste präsentieren, sorgen Sie dafür, dass diese nicht mehr als acht oder neun einzelne Punkte enthält. Wenn Sie unbedingt mehr Listenpunkte benötigen, unterteilen Sie die Liste in logische Gruppen und verteilen Sie sie auf mehrere Folien.
Welche Schriftgröße?	Das hängt von zwei Dingen ab: zum einen von der Größe des Bildschirms, auf dem die Präsentation vorgeführt wird, und zum anderen davon, wie weit das Publikum vom Bildschirm entfernt ist. Nehmen wir einmal an, Ihre Folien würden auf einem 10 cm hohen Bildschirm aus einer maximalen Distanz von 80 cm (das entspricht achtmal der Höhe des Bildschirms) betrachtet. Messen Sie nun die Höhe der Folie, wie sie auf Ihrem Bildschirm erscheint. Wenn die Höhe 22,5 cm beträgt, so können Sie so tun, als befänden Sie sich in der letzten Zuhörerreihe, indem Sie aus einer Entfernung von 180 cm (22,5 multipliziert mit 8) auf Ihren Bildschirm gucken. Wählen Sie die minimale Punktgröße, die Sie aus dieser Entfernung auf Ihrem Bildschirm lesen können.
	Die *8x-Regel* ist eine gute Richtlinie für die meisten Situationen. Wenn der Raum größer ist, wird im Normalfall auch eine größere Leinwand zur Verfügung stehen. In Zweifelsfällen nehmen Sie lieber einen höheren Schriftgrad. Es hat sich noch nie jemand beklagt, dass eine Folie zu gut lesbar war. Aber viele Leute haben sich schon beschwert, wenn eine Folie unlesbar war.
Welche Schriftart?	Für projizierte Bilder sollte man in der Regel eine serifenlose Schrift wie Swiss, Helvetica, Arial, Gil usw. wählen. (Für größere Textkörper wird jedoch in der Regel eine Serifenschrift empfohlen.) Schriftarten unterscheiden sich in ihrer Lesbarkeit. Das kann dazu führen, dass Sie bei einigen Schriftarten den Schriftgrad erhöhen müssen.
Welche Farben?	Sorgen Sie dafür, dass die Farben, die Sie für Schrift auswählen, ausreichend Kontrast zum Hintergrund haben. Sie werden selbst sehen, dass eine Negativdarstellung (heller Text auf dunklem Hintergrund) besser lesbar ist. (Das Gegenteil gilt für gedruckte Dokumente.) Denken Sie daran, dass die Sichtverhältnisse oftmals alles andere als ideal sind und z.B. Licht auf den Bildschirm oder die Leinwand fällt. Eine einfache, gut lesbare Folie ist mehr wert (für Sie und Ihr Publikum) als eine kunstvoll gestaltete, die leider niemand lesen kann.

Das gleiche Format noch einmal verwenden	Wenn Sie eine Folie bzw. ein Format entwickelt haben, das die Farben der Firma widerspiegelt, so können Sie diese als Dokumentvorlage abspeichern. Wenn Sie dann beim nächsten Mal eine Präsentation erstellen möchten, können Sie auf diese Vorlage aufbauen und alle anderen Folien werden die gleichen Eigenschaften besitzen. Dazu wählen Sie DATEI/SPEICHERN UNTER und in der Dropdown-Liste unter *Dateityp* die Option *Entwurfsvorlage*. Wenn Sie möchten, können Sie einen anderen als den vorgeschlagenen Namen eingeben. Entwurfsvorlagen in *PowerPoint* haben die Erweiterung *.pot*.
Zusammenfassung der Lektion: Das haben Sie gelernt	*PowerPoint* verfügt über eine Vielzahl an Präsentationsentwürfen. Sie entscheiden über das gesamte Erscheinungsbild einer Präsentation. Sie können diese Entwurfsvorlagen ohne Änderungen übernehmen oder sie Ihren Bedürfnissen anpassen.

Sie können die Farbskala, den Hintergrund und die verwendete Typographie ändern.

Die Eigenschaften der Vorlage sind im Folienmaster hinterlegt. Jede Änderung, die Sie im Folienmaster vornehmen, wird standardmäßig allen bestehenden und noch zu erstellenden Folien einer Präsentation zugewiesen. Dennoch können Sie Texteigenschaften auf einzelnen Folien individuell verändern.

In einen Folienmaster können Sie auch grafische Elemente einfügen. Diese Grafiken erscheinen dann auf jeder Folie der Präsentation.

Wenn Sie eine Vorlage Ihren Bedürfnissen entsprechend angepasst bzw. erstellt haben, können Sie diese als Entwurfsvorlage speichern. Dadurch können Sie den gleichen Entwurf auch für zukünftige Präsentationen verwenden.

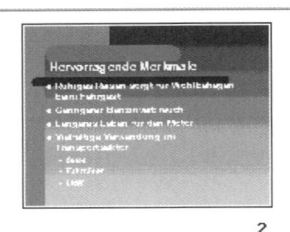

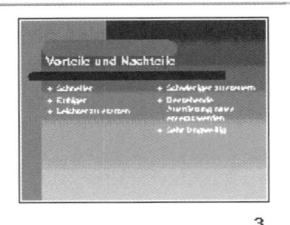

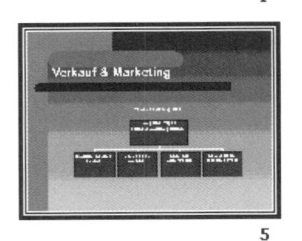

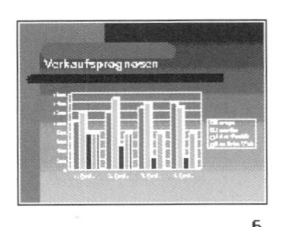

PowerPoint-Präsentationen: Gut genug

Lektion 5: Der Aufbau einer Präsentation

Zu dieser Lektion

In der vorigen Lektion haben Sie gelernt, wie man Folien erstellt, die Eindruck auf den Betrachter machen. In dieser Lektion lernen Sie, wie man diese Folien zu einer überzeugenden Präsentation zusammenstellt, die Folien sortiert bzw. neu ordnet, wie man Folien einfügt und löscht, wie man Folien für andere Anwendungen nutzbar macht und wie man Folien aus anderen Quellen importiert.

Neue Fähigkeiten

Am Ende dieser Lektion sollten Sie in der Lage sein,

- die Folien in einer Präsentation neu zu ordnen,
- Folien zwischen Präsentationen zu kopieren,
- Folien zu löschen
- *PowerPoint*-Folien in andere Anwendungen zu exportieren,
- Präsentationen zur Verwendung in anderen *PowerPoint*-Versionen zu speichern.

Übungen dieser Lektion basieren wieder auf der Präsentation, die Sie in Übung 2, 3 und 4 erstellt haben. Öffnen Sie die Präsentation, bevor wir mit den Übungen dieser Lektion beginnen.

Gebrauch der Folien-sortierungsansicht zur Sortierung Ihrer Folien	Verwenden Sie die *Foliensortierungsansicht*, um zu kontrollieren, ob die Formatierung Ihrer Folien einheitlich ist und ob alle Text-Platzhalter ausgerichtet sind. Das ist dann besonders wichtig, wenn Sie Änderungen im Design oder in der Formatierung bei einzelnen Folien vorgenommen haben.

Wählen Sie ANSICHT/FOLIENSORTIERUNG. Alle Folien Ihrer Präsentation werden gemeinsam auf dem Bildschirm angezeigt. (Wenn nicht alle Folien auf den Bildschirm passen, verwenden Sie die Bildlaufleiste an der rechten Seite.)

Um eine bestimmte Folie in der Foliensortierungsansicht zu bearbeiten und angezeigt zu bekommen (volle Größe), führen Sie einen Doppelklick auf die entsprechende Folie aus.

Die Folienreihenfolge ändern	Wenn Sie alle Folien Ihrer Präsentation erstellt haben, möchten Sie vielleicht die Reihenfolge, in der die Folien angezeigt werden, verändern, um einen besseren Gedankenfluss zu gewährleisten. Der einfachste Weg dahin führt über die *Foliensortierungsansicht*.

Ihre Folien lassen sich auf zwei Arten neu ordnen. Sie können sie mit der Maus ziehen (besser geeignet für kleine Präsentationen) oder die Befehle AUSSCHNEIDEN und EINFÜGEN im Menü BEARBEITEN verwenden.

Neu ordnen durch Ziehen	Wählen Sie in der *Foliensortierungsansicht* die Folie aus, die Sie verschieben möchten. Ziehen Sie die Folie mit der Maus, bis rechts neben der Position, an der Sie die Folie einfügen möchten, eine schwarze vertikale Linie erscheint.

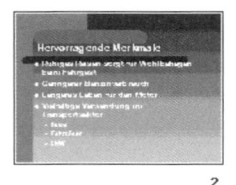

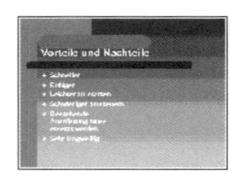

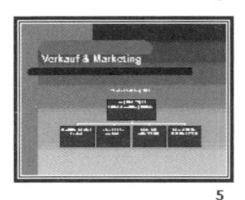

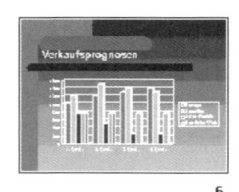

Neu ordnen mit Ausschneiden und Einfügen	Sie können Folien in *PowerPoint* genau wie Text in einem Textverarbeitungsprogramm ausschneiden, kopieren und einfügen.

Wählen Sie dazu in der *Foliensortierungsansicht* die Folie aus und klicken Sie auf BEARBEITEN/AUSSCHNEIDEN (oder verwenden Sie die Tastenkombination STRG+x). Klicken Sie auf die Folie, die vor der Folie, die Sie gerade verschieben möchten, erscheinen soll, und wählen Sie BEARBEITEN/EINFÜGEN (oder STRG+v).

Übung 23: Folien neu sortieren

1) Verwenden Sie in der Foliensortierungsansicht die Ziehtechnik, um die Position der Folien 5 (Verkauf und Marketing) und 6 (Verkaufsvorführung) zu tauschen.

2) Verwenden Sie die *Ausschneiden/Einfügen*-Technik, damit Folie 7 (Plan zur Produktidentität) hinter Folie 2 (Hervorragende Merkmale) erscheint.

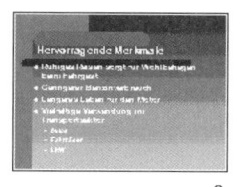

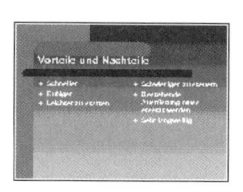

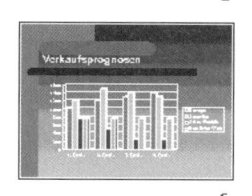

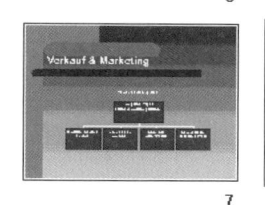

Die Folien werden der neuen Reihenfolge nach nummeriert. Von nun an werden wir uns mit der jeweiligen Nummer auf die einzelnen Folien beziehen.

Folien zwischen Präsentationen kopieren

So, wie Sie eine Folie ausschneiden und an einer anderen Stelle der Präsentation wieder einfügen, können Sie eine Folie auch aus einer Präsentation ausschneiden (oder kopieren) und in einer anderen Präsentation wieder einfügen. Versuchen Sie es einmal!

Übung 24: Eine Folie zwischen Präsentationen kopieren

1) Öffnen Sie die Präsentation *Schulung* aus den Vorlagen.

2) Wählen Sie in der *Foliensortierungsansicht Folie 6* aus.

3) Kopieren Sie die Folie, indem Sie BEARBEITEN/KOPIEREN wählen (oder STRG+c drücken).

4) Schließen Sie die Präsentation *Schulung*.

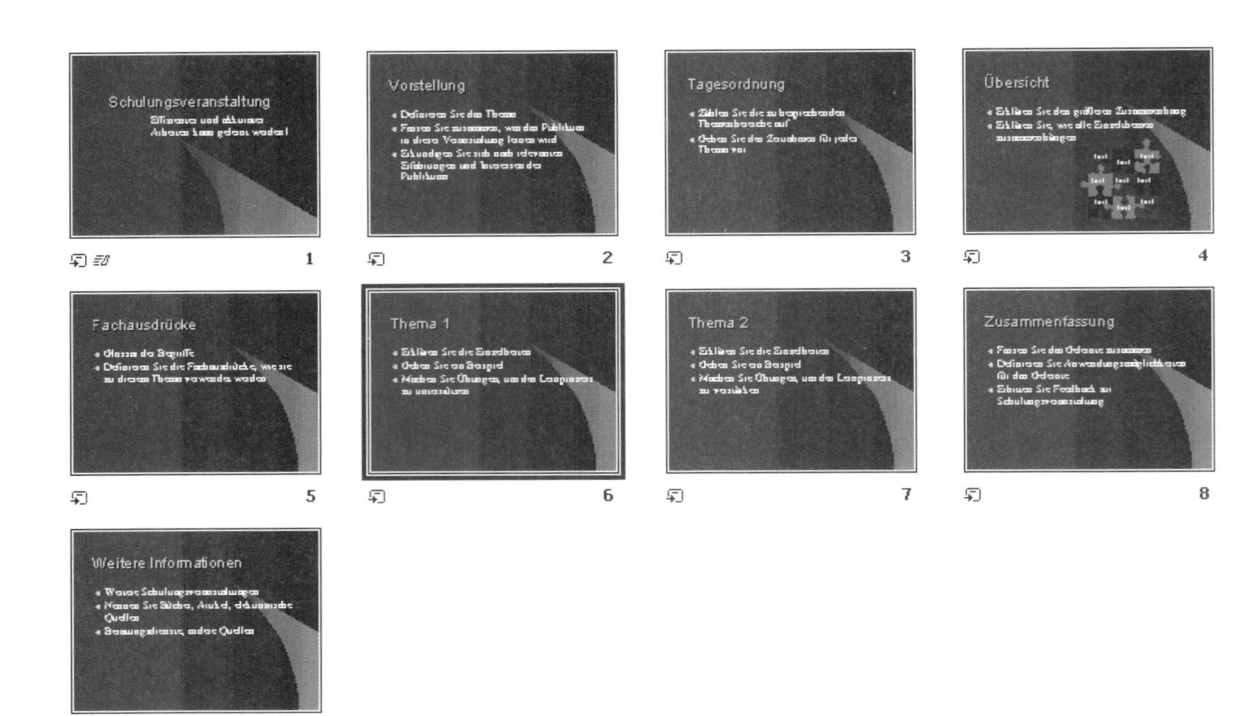

5) Öffnen Sie nun Ihre eigene Präsentation in der Foliensortierungsansicht. Wählen Sie Folie Nummer 1 (*Vermarktung eines neuen Produkts*) und dann BEAR-BEITEN/EINFÜGEN (oder halten Sie STRG und v gedrückt).

Die kopierte Folie erscheint als Folie Nummer 2 in Ihrer Präsentation. Beachten Sie, dass der Inhalt der Folie genau der gleiche ist, das Format sich aber an das Layout und Design bzw. die Vorlage Ihrer Präsentation angepasst hat.

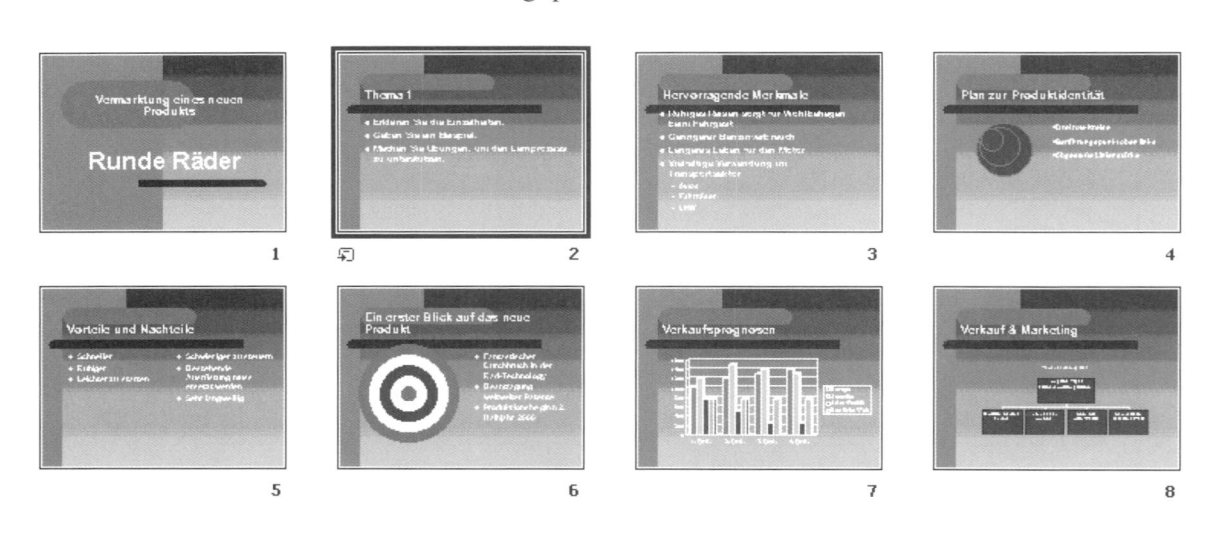

Eine Folie löschen

Um eine Folie aus Ihrer Präsentation zu löschen, schneiden Sie diese einfach aus, wie weiter oben beschrieben, ohne sie jedoch wieder einzufügen.

Sie können eine Folie auch in jeder Ansicht, außer der Bildschirmpräsentation, löschen, indem Sie BEARBEITEN/FOLIE LÖSCHEN wählen.

Übung 25: Eine Folie aus der Präsentation löschen

1) Löschen Sie die Folie, die Sie in Übung 24 in Ihre Präsentation kopiert haben.
2) Speichern Sie die Präsentation.

PowerPoint-Folien in anderen Anwendungen verwenden

Generell sollte es nicht notwendig sein, dass Sie Informationen, die Sie in ein Programm eingegeben haben, jedes Mal neu eingeben müssen, wenn Sie diese in einer anderen Anwendung verwenden möchten. Wenn Sie z.B. eine Folie in *PowerPoint* erstellen und den gleichen Text für einen Bericht in *Word* verwenden möchten, so müssen Sie den Text nicht noch einmal schreiben.

- Um Text einer einzelnen Folie zu verwenden, kopieren Sie den Text in *PowerPoint* (markieren und BEARBEITEN/KOPIEREN wählen). Fügen Sie ihn in *Word* wieder ein (setzen Sie den Cursor an die vorgesehene Position und wählen Sie BEARBEITEN/EINFÜGEN).

- Um den gesamten Text einer Präsentation zu verwenden, wählen Sie DATEI/SPEICHERN UNTER. In der Dropdown-Liste unter *Dateityp* wählen Sie *Gliederung/RTF*.

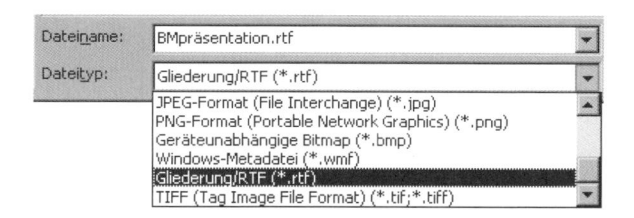

Wenn Sie möchten, können Sie einen anderen als den vorgeschlagenen Namen (gleicher Name wie die Präsentation, nur mit der Endung .rtf) angeben.

- Klicken Sie auf SPEICHERN.

Wenn Sie die Folien in anderen Grafikprogrammen oder als Webseiten verwenden möchten, sollten Sie sie in einem der Grafikformate abspeichern, entweder JPEG (File Interchange), TIFF oder GIF. Versuchen Sie es einmal!

Übung 26: Folien in einem Webbrowser sichtbar machen

1) Wählen Sie DATEI/SPEICHERN UNTER. Wählen Sie TIFF aus der Dropdown-Liste *Datentyp*. Klicken Sie auf SPEICHERN. Sie können eine einzelne Folie oder die gesamte Präsentation speichern. Für die Übung wählen Sie eine einzelne Folie aus.

2) Minimieren Sie *PowerPoint* und öffnen Sie den Webbrowser auf Ihrem Computer (normalerweise entweder *Microsoft Internet Explorer* oder *Netscape Navigator*). Sie müssen hierfür keine Verbindung zum Internet herstellen. Öffnen Sie das Programm *offline*.

3) Wählen Sie DATEI/ÖFFNEN (*Microsoft Internet Explorer*) oder DATEI/SEITE ÖFFNEN (*Netscape Navigator*). Suchen Sie nach der Datei, die Sie in Schritt 1 erstellt haben und klicken Sie auf ÖFFNEN.

4) Kontrollieren Sie, ob die Folie korrekt im Browser angezeigt wird, und schließen Sie den Browser wieder.

Mit früheren Versionen von PowerPoint arbeiten

Jede Version von *PowerPoint* enthält Funktionen, die in früheren Versionen nicht verfügbar waren. Das bedeutet, dass Sie immer eine höhere Version verwenden können, um eine Präsentation zu öffnen, anzusehen, zu bearbeiten und zu speichern, die in einer älteren Version erstellt wurde. Umgekehrt gilt dies aber nicht.

Wenn Sie in *PowerPoint 2000* eine Präsentation speichern, die ursprünglich in *PowerPoint 97*, *PowerPoint 95*, *PowerPoint 4.0* oder *PowerPoint 3.0* erstellt wurde, so geschieht dies immer im Ursprungsformat. Sie können das ändern, indem Sie DATEI/SPEICHERN UNTER wählen und einen neuen Namen, einen anderen Ordner oder eine andere Softwareversion angeben.

Wenn Sie möchten, dass eine Präsentation auch in einer älteren Version von *PowerPoint* angezeigt werden kann, müssen Sie DATEI/SPEICHERN UNTER wählen und die entsprechende Version im Feld *Dateityp* angeben. Beachten Sie dabei aber, dass einige Effekte, die Sie in *PowerPoint 2000* festlegen, in niedrigeren Versionen des Programms nicht korrekt angezeigt werden können.

Zusammenfassung der Lektion: Das haben Sie gelernt

Sie können die Folienreihenfolge in einer Präsentation jederzeit ändern. Am besten geht das in der *Foliensortierungsansicht*, in der Sie die Folie entweder mit der Maus an ihre neue Position ziehen oder mit *Ausschneiden/Einfügen* arbeiten.

Sie können Folien aus anderen *PowerPoint*-Präsentationen kopieren und in Ihre einfügen. Dabei nehmen die kopierten Folien das Format Ihrer Präsentation an.

Sie können den Text Ihrer *PowerPoint*-Präsentation auch in anderen Anwendungen wie z.B. einer Textverarbeitung verwenden. Dies geschieht entweder durch Ausschneiden und Einfügen oder indem man die Datei im .rtf-Format abspeichert.

Sie können einzelne Folien oder die gesamte Präsentation im Format *.jpg* oder *.gif* speichern. Diese Formate können in anderen Grafikprogrammen und in Webseiten verwendet werden.

Wenn Sie möchten, dass Ihre Präsentation auch mit älteren Versionen des Programms angezeigt werden kann, müssen Sie dies beim Speichern berücksichtigen und festlegen.

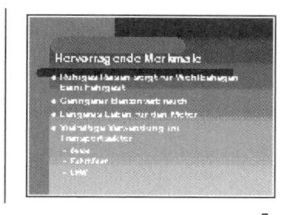

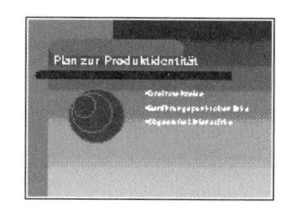

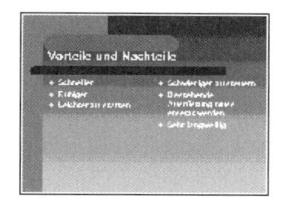

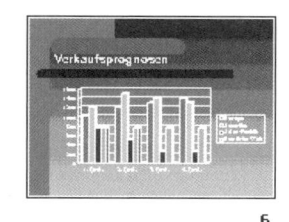

PowerPoint-Präsentationen: Haben Sie es verstanden?

Lektion 6: Das Publikum begeistern

Zu dieser Lektion

In dieser Lektion lernen Sie, wie Sie eine Präsentation durch Hinzufügen von Animationen und Folienübergängen noch dynamischer machen. Sie erfahren, wie man Handzettel für die Zuhörer und Notizen für den Vortragenden erstellt. Und wir geben Ihnen ein paar Tipps für die Vorführung Ihrer Präsentation.

Neue Fähigkeiten

Am Ende dieser Lektion sollten Sie in der Lage sein,

- Effekte zum Folienübergang festzulegen,
- animierte Folien zu erstellen,
- Folien Toneffekte hinzuzufügen,
- Handzettel für Ihr Publikum zu erstellen,
- Folien zu nummerieren,
- Notizen für den Sprecher vorzubereiten,
- die Rechtschreibung in Ihrer Präsentation zu überprüfen.

Neue Wörter

Am Ende dieser Lektion sollten Sie in der Lage sein, die folgenden Begriffe zu erklären:

- Folienübergang
- animierte Folien

Die Übungen dieser Lektion geben der Präsentation, die Sie in den vorherigen Übungen erstellt haben, noch den letzten professionellen Schliff. Öffnen Sie die Präsentation, bevor wir mit den Übungen dieser Lektion beginnen.

Folienübergang

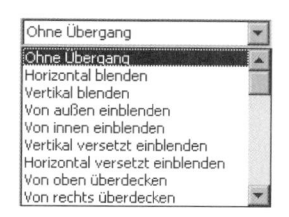

```
Ohne Übergang
Ohne Übergang
Horizontal blenden
Vertikal blenden
Von außen einblenden
Von innen einblenden
Vertikal versetzt einblenden
Horizontal versetzt einblenden
Von oben überdecken
Von rechts überdecken
```

Ein Übergang ist ein grafischer Effekt, der bestimmt, wie der Wechsel von einer Folie zur anderen vor sich geht. So kann eine neue Folie beispielsweise vom oberen Rand des Bildschirms *herunterfallen* oder die Folie könnte sich *auflösen* und dabei die neue Folie zum Vorschein bringen.

PowerPoint erlaubt es Ihnen, zwei Aspekte des Übergangs zu steuern.

- **Art des Effekts:** Die Eigenschaften des Effekts, mit dem *PowerPoint* zur nächsten Folie wechselt.
- **Zeitlicher Ablauf:** Die Geschwindigkeit, mit der *PowerPoint* die visuellen Effekte ablaufen lässt, wenn zu einer neuen Folie gewechselt wird.

Außerdem können Sie festlegen, ob Sie den Übergängen auch noch einen Ton hinzufügen möchten.

Folienübergang

Ein visueller Effekt, wie Einblenden, Auflösen oder Überdecken, der festlegt, wie ein Übergang von einer Folie zur nächsten in einer Präsentation erfolgt.

Übung 27: Ihrer Präsentationen einen Folienübergang hinzufügen

1) Wählen Sie mit irgendeiner Folie in der Folienansicht BILDSCHIRMPRÄSENTATION/ FOLIENÜBERGANG.

2) Schauen Sie sich die angebotenen Möglichkeiten erst einmal in Ruhe an.

   - **Effekt:** Jedes Mal, wenn Sie einen der Übergangseffekte aus der Dropdown-Liste anklicken, zeigt *PowerPoint* Ihnen diesen Effekt im Beispielfenster. Sie können eine Vorschau starten, indem Sie auf das Bild klicken.

   - **Zeitlicher Ablauf:** Die Optionen *Langsam, Mittel, Schnell* legen die Geschwindigkeit fest, mit der ein Übergang ausgeführt wird. Wenn Sie eine Option anklicken, führt *PowerPoint* den Übergangseffekt mit der ausgewählten Geschwindigkeit im Beispielfenster vor.

   Wählen Sie für die Übung den Effekt *Auflösen* und *Schnell*.

3) Klicken Sie auf FÜR ALLE ÜBERNEHMEN. Beachten Sie, dass Sie die Möglichkeit haben, jeder Folie einen eigenen Übergang zuzuweisen (indem Sie jeweils auf ÜBERNEHMEN klicken). Seien Sie aber vorsichtig dabei: Es kann dazu beitragen, dass das Publikum abgelenkt oder unruhig wird.

4) Beobachten Sie, wie sich die Folienübergänge auf die Präsentation auswirken. Wählen Sie dazu ANSICHT/BILDSCHIRMPRÄSENTATION und blättern Sie durch Ihre Präsentation.

Nächste Folie automatisch oder manuell

Sie haben verschiedene Einstellungsmöglichkeiten, wie Ihre Präsentation voranschreiten soll:

- Bei Mausklick (wie in Lektion 6.1 beschrieben)
- Automatisch, basierend auf einem eingestellten Zeitrhythmus
- Beides, je nachdem, was zuerst eintritt

Auch das wird im Dialogfeld *Folienübergang* festgelegt. Dennoch sind die beiden Effekte voneinander unabhängig. Sie können den Durchlauf Ihrer Präsentation automatisch ablaufen lassen, ohne Folienübergänge zuzuweisen, und Sie können Folienübergänge zuweisen, ohne eine Automatisierung des Durchlaufs Ihrer Präsentation einzustellen. Beachten Sie auch, dass die Zeitangaben des einen Effektes nichts mit der des anderen Effekts zu tun haben. Die Zeiteinstellung *Langsam, Mittel, Schnell* bezieht sich auf die Geschwindigkeit, mit der ein Übergang von einer zur anderen Folie ausgeführt wird.

Die Einstellung *Automatisch wechseln* wird häufig für Präsentationen verwendet, die eigenständig in der Öffentlichkeit ablaufen. Das ist z.B. bei einer Verkaufsshow der Fall, wo die Präsentation nicht unbedingt durch einen Sprecher begleitet wird.

Animierte Folien

Animierte Folien erlauben es Ihnen, die Information einer Folie nach und nach in die Folie einfließen zu lassen. Animation wird beispielsweise häufig bei Aufzählungslisten verwendet. Zu Anfang ist nur der erste Punkt der Aufzählung für das Publikum sichtbar. Nach und nach werden dann Ihrem Vortrag entsprechend die übrigen Punkte der Liste eingeblendet. Das hat den Vorteil, dass das Publikum sich darauf konzentriert, was Sie sagen, und nicht schon die übrigen Punkte liest, während Sie noch über den ersten Punkt sprechen.

> **Animierte Folie**
>
> *Eine Folie, in der verschiedene Elemente zu verschiedenen Zeiten eingeblendet werden.*

Mit einer animierten Folie können Sie jeden Punkt einzeln hervorheben, um die Aufmerksamkeit des Publikums auf diesen Punkt zu lenken. Wenn Sie über Ihren zweiten Punkt reden, können Sie den ersten Listenpunkt ruhig auf der Folie belassen. Schwächen Sie ihn aber ab, so dass er noch als Kontext und Merkpunkt gegenwärtig ist, aber nicht ablenkt.

Sie können außerdem festlegen, wie jedes einzelne Element auf dem Bildschirm eingeblendet wird. Die verschiedenen Punkte einer Auflistung können z.B. von rechts, links, oben oder unten in die Folie *fliegen*. Probieren Sie es einfach einmal aus!

Übung 28: Einer Folie eine Animation hinzufügen

1) Öffnen Sie Folie Nummer 2 (*Hervorragende Merkmale*) in der Folienansicht.

2) Klicken Sie irgendwo in den unteren Platzhalter, in dem sich die Auflistung befindet.

3) Wählen Sie BILDSCHIRMPRÄSENTATION/VOREINGESTELLTE ANIMATION und die Option *Flugeffekt*.

4) Wählen Sie ANSICHT/BILDSCHIRMPRÄSENTATION, um sich das Ergebnis anzuschauen.

5) Klicken Sie auf BILDSCHIRMPRÄSENTATION/BENUTZERDEFINIERTE ANIMATION.

    Wählen Sie hieraus die folgenden Einstellungen:

    - **Im Register** *Reihenfolge &zeitlicher Ablauf:* Animation *Bei Mausklick starten*

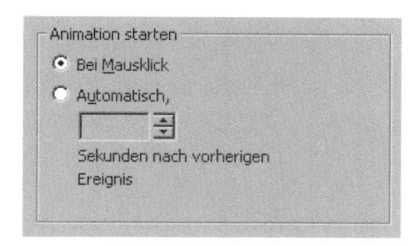

    - Im Register *Effekte:* Auflösen, Ohne Sound, hellblau, Alle gleichzeitig, Gruppiert nach Absatz der 1. Ebene

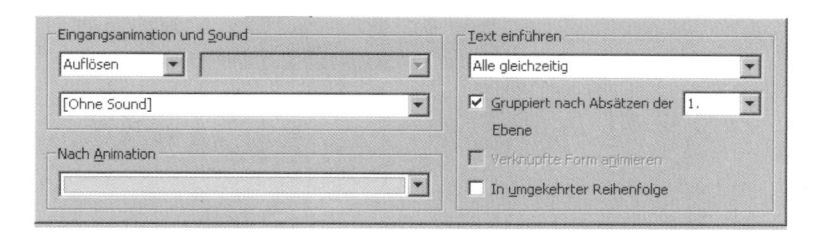

    - Ignorieren Sie Diagrammeffekte und Multimediaeinstellungen.

6) Wählen Sie ANSICHT/BILDSCHIRMPRÄSENTATION, um sich das Ergebnis anzuschauen.

Übung 29: Komplexere Animationen

1) Öffnen Sie Folie Nummer 3 (Plan zur Produktidentität) in der Folienansicht.

2) Wählen Sie BILDSCHIRMPRÄSENTATION/BENUTZERDEFINIERTE ANIMATION, um das Dialogfeld *benutzerdefinierte Animation* anzuzeigen.

    Wählen Sie im Register *Reihenfolge &zeitlicher Ablauf* nach und nach jeden einzelnen der drei Kreise (Ovale genannt) und den Listentext aus. Wenn Sie ein Objekt auswählen, wird dieses in der Vorschau hervorgehoben. Klicken Sie für jedes dieser Elemente auf die Option *Automatisch – 1 Sekunde nach vorherigem Ereignis*.

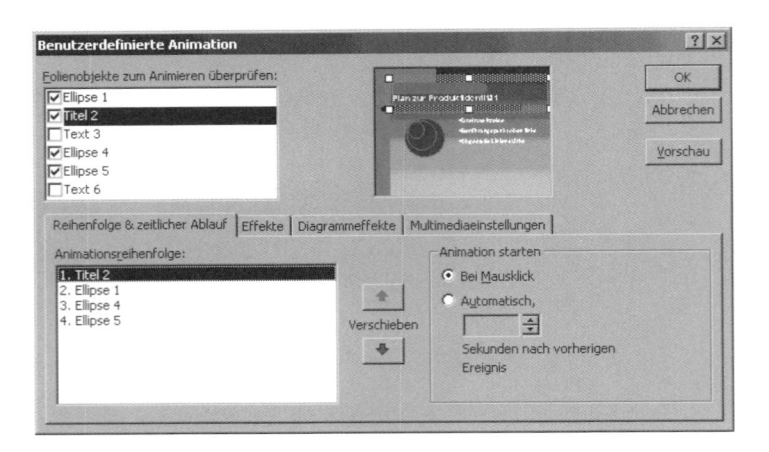

Die Namen der einzelnen Elemente werden im Feld *Animationsreihenfolge* angezeigt.

3) Klicken Sie auf VORSCHAU, um zu sehen, wie die Folie angezeigt wird.

4) Die Elemente sollten im Feld *Animationsreihenfolge* in der folgenden Reihenfolge erscheinen: zuerst die drei Ovale, das größte zuerst, das kleinste zuletzt, und dann der Text. Sie können die Reihenfolge ändern, indem Sie den jeweiligen Namen des zu verschiebenden Elements auswählen und die Pfeiltasten zum Herauf- und Herunterschieben verwenden.

5) Wählen Sie nacheinander alle drei Ovale aus und legen Sie im Register Effekte Folgendes fest: *Diagonal, nach oben rechts, Ohne Sound, nicht abblenden*.

6) Wählen Sie den Text und dann im Register *Effekte*: *Erscheinen, Ohne Sound, nicht abblenden, Alle gleichzeitig*.

Klicken Sie auf VORSCHAU, um den Effekt zu sehen.

7) Klicken Sie auf OK, um das Dialogfeld *Benutzerdefinierte Animation* zu schließen.

Übung 30: Die Aufmerksamkeit des Publikums fesseln

1) Lassen Sie Folie Nummer 1 (*Vermarktung eines neuen Produkts*) in der Folienansicht anzeigen und wählen Sie BILDSCHIRMPRÄSENTATION/BENUTZERDEFINIERTE ANIMATION.

2) Wählen Sie den Text im unteren Bereich des Bildschirms aus (Runde Räder) und legen Sie dafür Animationseffekte wie in der vorherigen Übung fest.

3) Wählen Sie im Register *Effekte*: Spirale, Ohne Sound, nicht abblenden, Alle gleichzeitig.

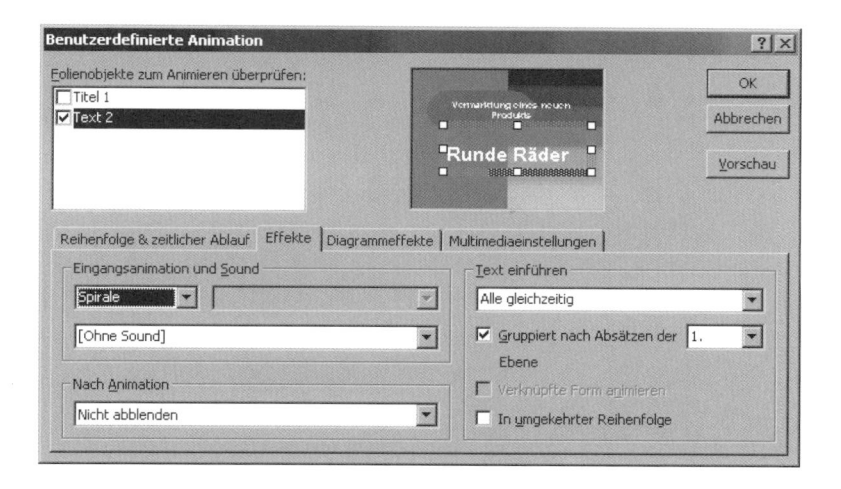

Klicken Sie auf VORSCHAU, um den Effekt zu sehen.

Experimentieren Sie ein wenig mit den Alternativen zu *Alle gleichzeitig*. Es stehen Ihnen die Optionen *Wortweise* und *Zeichenweise* zur Auswahl. Klicken Sie jedes Mal auf VORSCHAU, um den Effekt zu begutachten.

4) Klicken Sie auf OK, um das Dialogfeld *Benutzerdefinierte Animation* zu schließen.

Übung 31: Ein Diagramm animieren

1) Lassen Sie Folie Nummer 6 (Verkaufsvorführung) in der Folienansicht anzeigen und wählen Sie BILDSCHIRMPRÄSENTATION/BENUTZERDEFINIERTE ANIMATION.

2) Im Register *Reihenfolge &zeitlicher Ablauf* legen Sie fest, dass das Diagramm animiert werden soll.

3) Im Register *Diagrammeffekte* legen Sie Folgendes fest: *nach Serien, Raster und Legende animieren, Erscheinen, Ohne Sound, nicht abblenden.*

Es ist etwas schwierig, diesen Effekt in der Vorschau zu betrachten. Klicken Sie daher auf OK und wählen Sie ANSICHT/BILDSCHIRMPRÄSENTATION. Schauen Sie sich die Präsentation von Anfang bis zum Ende an.

Übung 32: Versuchen Sie es nun selbst einmal

1) Animieren Sie die Folie Nummer 4 (Vorteile und Nachteile), so dass die Vorteile einzeln nach und nach von links und die Nachteile nacheinander von rechts eingeblendet werden.

2) Animieren Sie Folie Nummer 5 (Ein erster Blick), so dass die Merkmale nacheinander von rechts eingeblendet werden.

Musik und andere Geräusche

Wenn Sie sich an die weiter oben durchgeführten Übungen gehalten haben, haben Sie immer *Ohne Sound* eingestellt. Wenn Sie ein abenteuerlustiger Typ sind, haben Sie wahrscheinlich schon einige der anderen Optionen ausprobiert. Wenn nicht, testen Sie diese Möglichkeiten jetzt einmal aus. Sie können einen begleitenden Sound für jeden Übergang und jeden Animiereffekt festlegen. Es werden viele verschiedene Möglichkeiten für den Sound angeboten: Die am häufigsten verwendeten sind in der Dropdown-Liste aufgeführt. Sie können noch nach anderen Sound-Dateien suchen, indem Sie die Option *Andere Sound...* und dann irgendeine Datei mit der Erweiterung *.wav* wählen.

Handzettel erstellen

Sie können Ihre Folien ganz einfach ausdrucken, um sie dann ans Publikum zu verteilen, was jedoch meist etwas plump wirkt. Die Folie ist im Grunde viel zu groß, um einfach normal gelesen zu werden. Daher bietet *PowerPoint* Ihnen eine Möglichkeit, so genannte Handzettel zu erstellen. Dabei werden mehrere Folien auf einer Seite abgebildet.

Klicken Sie also auf DATEI/DRUCKEN und unter *Drucken* wählen Sie aus der Dropdown-Liste *Handzettel* und das gewünschte Format.

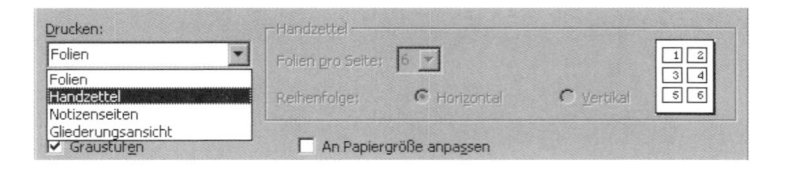

Ihre Folien nummerieren

Wenn Personen aus dem Publikum Fragen haben, beziehen sie sich meistens auf eine bestimmte Folie. Daher ist es nützlich, Folien zu nummerieren.

Übung 33: Foliennummern hinzufügen

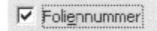

1) Wählen Sie ANSICHT/KOPF-/FUSSZEILE.

2) Im Register *Folie* klicken Sie die Option *Foliennummer* an. Lassen Sie die weiteren Optionen außer Acht.

3) Klicken Sie auf FÜR ALLE ÜBERNEHMEN.

   Beachten Sie, dass Sie über dieses Register jeder Folie auch Datum und Zeit zuweisen können.

Wenn Sie statt im Register *Folie*, im Register *Notizblätter* und *Handzettel* entsprechende Optionen auswählen, so wird z.B. die Seitenzahl (oder Datum und Zeit) nur auf den Handzetteln und Notizblättern des Sprechers angezeigt, nicht aber auf den Folien.

Denken Sie daran, dass Sie, um eine bestimmte Folie in der Folienansicht anzeigen zu lassen, nur die Nummer der entsprechenden Folie eingeben und ENTER drücken müssen.

Notizblätter

Wenn Sie ein Manuskript für Ihren Vortrag schreiben möchten – einfach nur Stichpunkte, die Sie an Ihre Schlüsselbegriffe erinnern, oder zusätzliche Hintergrundinformationen –, verwenden Sie die Funktion *Notizblätter*. Damit können Sie ein Dokument erstellen, das für jede Folie eine Seite vorsieht. Die Folie wird in der oberen Hälfte angezeigt und Sie können Ihren Text im unteren Bereich hinzufügen. (*PowerPoint* zeigt diese Notizblätter nicht als Teil Ihrer Präsentation an.)

Sie können zu jeder Zeit während der Erstellung Ihrer Präsentation Text zu den Notizblättern hinzufügen.

> **Notizblätter**
> *Ein Dokument, das aus einer Seite für jede Folie besteht. Jede Seite ist in zwei Bereiche unterteilt. Die Folie wird im oberen Bereich angezeigt, die Notizen finden im unteren Bereich Platz.*

Ansicht Notizenseite

Um Notizblätter zu bearbeiten oder anzuzeigen, wählen Sie ANSICHT/NOTIZSEITE.

Um Text einzugeben oder ihn zu bearbeiten, klicken Sie in den entsprechenden Platzhalter.

Standardmäßig zeigt *PowerPoint* Notizseiten in 40% ihrer vollen Größe an. Wenn Sie Text eingeben oder bearbeiten, ist es ratsam, die Anzeige auf fast 100% zu vergrößern. Wählen Sie dazu ANSICHT/ZOOM.

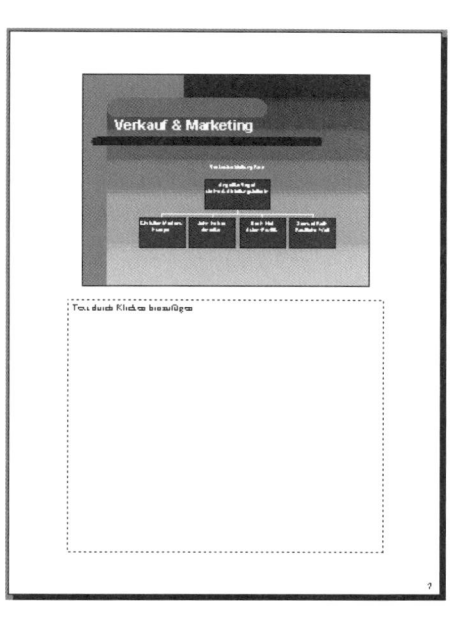

Um Notizblätter auszudrucken, wählen Sie DATEI/DRUCKEN und die Option *Notizseiten* aus der Dropdown-Liste des Felds *Drucken.*

Überprüfen Sie Ihre Rechtschreibung

Rechtschreibfehler können eine Präsentation sehr schaden. Sie lassen Sie entweder sorglos oder dumm erscheinen und machen all Ihre Anstrengungen, das Publikum zu beeindrucken, zunichte. Es ist zwar gefährlich, sich ganz und gar auf die Rechtschreibprüfung zu verlassen, aber es wäre auch nachlässig, sie gar nicht zu verwenden.

Für eine Überprüfung der Rechtschreibung wählen Sie EXTRAS/RECHTSCHREIBUNG oder drücken Sie F7. Alle Wörter, die durch die Rechtschreibprüfung fallen, werden zusammen mit vorgeschlagenen Alternativen angezeigt. Sie können entweder eine der vorgeschlagenen Alternativen akzeptieren, das Wort eigenhändig bearbeiten oder das ursprüngliche Wort unverändert lassen.

Beachten Sie, dass die Rechtschreibprüfung keine falschen Wörter findet, die in sich selbst richtig sind (z.B. *formen* statt *Formen*).

Ihre Präsentation als Bildschirmpräsentation speichern

Sie wissen bereits, wie Sie die Ansicht *Bildschirmpräsentation* verwenden, um Ihre Präsentation zu starten. Es gibt aber noch die Möglichkeit, die Präsentation direkt in der Ansicht *Bildschirmpräsentation* zu speichern, so dass beim Öffnen der Datei sofort eine Bildschirmpräsentation abgespielt wird. Dazu wählen Sie DATEI/SPEICHERN UNTER und dann *PowerPoint-Pack&Go-Präsentation.* Die Datei wird mit der Dateierweiterung .pps gespeichert.

Zusammenfassung der Lektion: Das haben Sie gelernt

Sie können die Art und Weise, wie eine Folie durch eine andere ersetzt wird, mit Folienübergängen steuern. Diese Übergänge dürfen Sie so zaghaft oder dramatisch gestalten, wie Sie gern möchten. Zusätzlich können Sie den Übergängen auch noch Sound hinzufügen, so dass eine neue Folie z.B. mit einem *Explosionsgeräusch* oder *Glockenklang* eingeblendet wird.

Um die Aufmerksamkeit Ihres Publikums aufrechtzuerhalten, können Sie die einzelnen Elemente Ihrer Folie mit Hilfe einer animierten Folie nacheinander einblenden lassen. Folien können auf vielerlei Arten animiert werden.

Für Ihr Publikum können Sie Handzettel mit mehreren Folien auf einer Seite anfertigen. Zusätzlich können Sie auch noch Notizblätter für den Sprecher mit dem zugrunde liegenden Manuskript oder zusätzlichen Details Ihrer Präsentation erstellen.

Folien lassen sich nummerieren, um leichter Bezug darauf zu nehmen, und Sie können Ihre Präsentation einer Rechtschreibprüfung unterziehen.

Schließlich können Sie Ihre Präsentation noch derart abspeichern, dass sie als Bildschirmpräsentation geöffnet und abgespielt wird. Beim Speichern als reine Bildschirmpräsentation erhält die Datei die Erweiterung .pps.

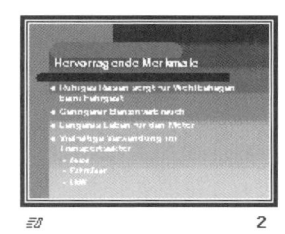

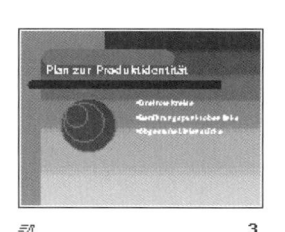

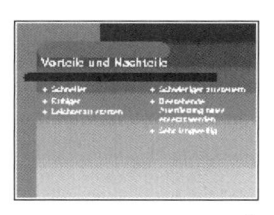

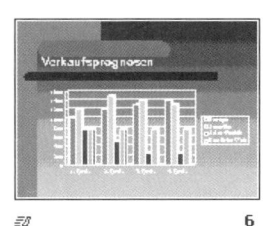

PowerPoint-Präsentationen: Hier eine, die ich erstellt habe.

Anhang

Operationen in Windows-Anwendungen ausführen

Menüleisten, Symbolleisten und Tastenkombinationen

Um in einer Windows-Anwendung eine Operation auszuführen, stehen Ihnen drei Wege zur Verfügung: Menübefehle, Schaltflächen und Tastenkombinationen. Für welche Möglichkeit Sie sich entscheiden, hängt von Ihrer persönlichen Arbeitsweise ab.

Die Menüleisten

Starten Sie das Programm *MS PowerPoint für Windows*. Sehen Sie sich die Wörter in der Leiste unterhalb der Titelleiste einmal genauer an. Jedes dieser Wörter repräsentiert ein *Pulldown-Menü*.

| Datei | Bearbeiten | Ansicht | Einfügen | Format | Extras | Bildschirmpräsentation | Fenster | ? |

PowerPoint Menüleiste

Klicken Sie auf DATEI. Die verfügbaren Befehle werden im Menü angezeigt. Sie teilen *PowerPoint* mit, welche Handlung Sie gern ausführen möchten, indem Sie auf den entsprechenden Befehl im Pulldown-Menü klicken. Wenn Sie im Menü auf BEENDEN gehen, wird *PowerPoint* geschlossen.

> **Pulldown-Menü**
>
> *Eine Liste mit Optionen, die eingeblendet wird, wenn Sie oben auf ein Menü klicken. In der Regel befindet sich der Menüname in einer Menüleiste am oberen Rand des Fensters. Das Menü erscheint unterhalb der Menüleiste, so als würden Sie es herunterziehen.*

Wenn rechts neben einem Menübefehl ein Pfeil sichtbar ist, so wird Ihnen, bei Auswahl dieser Option noch ein weiteres Untermenü mit Optionen angezeigt.

Einige Menüs sind in allen *Windows*-Anwendungen gleich. Wenn Sie den Sinn und Zweck dieser Menüs verstehen, sind Sie in der Lage, die meisten Anwendungen zu benutzen. Die folgenden Menüs finden Sie in fast allen Anwendungen:

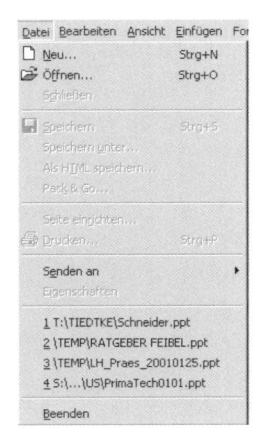

PowerPoints Pulldown Menü Datei

- **Datei:** Die Befehle in diesem Menü werden dazu verwendet, neue Dateien zu erstellen, schon existierende Dateien zu öffnen, die aktuelle Datei zu speichern, die aktuelle Datei unter einem anderen Namen abzuspeichern (Speichern unter), die aktuelle Datei zu drucken und die Anwendung zu beenden.
- **Bearbeiten:** Die Befehle in diesem Menü werden dazu verwendet, ausgewählte Dateien oder Elemente (Text oder Grafik) zu kopieren und zu verschieben.
- **Ansicht:** Die Befehle in diesem Menü werden dazu verwendet, Dateien auf verschiedene Arten anzuzeigen, einschließlich einer Zoom-Funktion.
- **Hilfe:** Die Befehle in diesem Menü werden dazu verwendet, Informationen der *Online-Hilfe der jeweils aktiven Anwendung anzuzeigen*.

Die Symbolleisten

Die zweite Methode, Handlungen auszuführen, führt über eine Schaltfläche auf der *Symbolleis*te. Statt z.B. DATEI/SPEICHERN zu wählen, klicken Sie einfach auf die Schaltfläche SPEICHERN in der *Symbolleiste*. Nicht von jedem Menübefehl gibt es eine Entsprechung als Schaltfläche, aber von den gebräuchlichsten.

> **Symbolleiste**
>
> *Eine Ansammlung von Schaltflächen in einer Leiste, auf die Sie klicken können, um häufig gebrauchte Aktionen wie z.B. das Erstellen, Öffnen und Speichern einer Datei auszuführen, und für Operationen, die über die Zwischenablage laufen.*

Die folgende Abbildung zeigt die Schaltflächen, die Sie bei den meisten *Windows*-Anwendungen vorfinden.

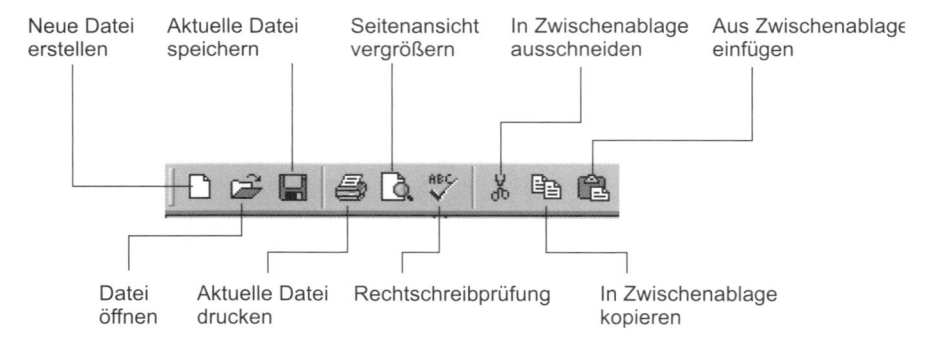

Neue Datei erstellen | Aktuelle Datei speichern | Seitenansicht vergrößern | In Zwischenablage ausschneiden | Aus Zwischenablage einfügen

Datei öffnen | Aktuelle Datei drucken | Rechtschreibprüfung | In Zwischenablage kopieren

Tastenkombinationen

Die dritte Art, Aktionen unter *Windows* auszuführen, ist die Benutzung bestimmter Tastenkombinationen. Möglicherweise ist diese Art der Bedienung für Sie schneller als die Verwendung der Menüpunkte oder Schaltflächen der Symbolleiste, da beide Hände auf der Tatstatur bleiben.

Ein Beispiel für eine Tastenkombination ist STRG+C. Das bedeutet im Klartext: Halten Sie die *Steuerungstaste* gedrückt und drücken Sie die Buchstabentaste c. Das Ergebnis ist das Gleiche wie bei BEARBEITEN/ KOPIEREN oder das Klicken auf die Schaltfläche KOPIEREN.

Folgende Tabelle zeigt die gebräuchlichsten Tastenkombinationen:

Tastenkombination	Aktion	Menübefehl
Strg+o	Bestehende Datei wird geöffnet	DATEI/ÖFFNEN
Strg+n	Neue Datei	DATEI/NEU
Strg+s	Aktuelle Datei speichern	DATEI/SPEICHERN
Strg+c	Kopieren in die Zwischenablage	BEARBEITEN/KOPIEREN
Strg+x	Ausschneiden in die Zwischenablage	BEARBEITEN/AUSSCHNEIDEN
Strg+v	Einfügen aus der Zwischenablage	BEARBEITEN/EINFÜGEN

Zusammenfassung der Lektion: Das haben Sie gelernt

Ein *Pulldown-Menü* ist eine Liste von Optionen, die angezeigt wird, wenn Sie auf einen Menünamen in der Menüleiste klicken. Ein Pfeil rechts neben einer ausgewählten Option bedeutet, dass es zusätzlich noch ein *Untermenü* mit weiteren Optionen gibt. Sie teilen *Word* mit, dass Sie eine bestimmte Aktion ausführen möchten, indem Sie die entsprechende Menüoption im *Pulldown-Menü* anklicken.

Die zweite Möglichkeit, eine Aktion auszuführen, führt über die Schaltflächen der Symbolleiste. Die meisten Anwendungen verfügen über Schaltflächen zum ERSTELLEN, ÖFFNEN und SPEICHERN von Dateien und für Operationen in Verbindung mit der Zwischenablage.

Die dritte Möglichkeit ist die der Tastenkombination. Dabei halten Sie die STRG-Taste in Verbindung mit einer bestimmten Buchstabentaste gedrückt. Beispiele für solche Tastenkombinationen sind STRG+c, um in die Zwischenablage zu kopieren, und STRG+v, um aus der Zwischenablage heraus einzufügen.

Index

A

Animation *64*
    hinzufügen *65*
Animationsreihenfolge *66*
Ansicht *13*
    Bildschirmpräsentation *13*
    Folienansicht *13*
    Foliensortierungsansicht *13*
    Gliederungsansicht *13*
    Notizseite *13*
AutoForm *34*
Autoform
    einfügen *34*
AutoLayout *21*

C

ClipArt *40*

D

Dateinamenerweiterung *12*
Diagramm animieren *67*

E

Effekt *63*
Entwurfsvorlage *46*

F

Farbskala *48*
Folie *11*
    animiert *64*
    ausblenden *27*
    ausschneiden *57*
    hinzufügen *22*
    kopieren *57*
    löschen *27, 59*
    nummerieren *68*
    sortieren *57*
Folienmaster *49*
Folienübergang *63*
    automatisch *64*
    hinzufügen *63*
    manuell *64*
Füllfarbe *32*

G

Gliederungsansicht *23*
gruppieren *34*
Gruppierung aufheben *34*

H

Handzettel erstellen *68*
Hochformat *22*

K

Kreisdiagramm *39*

L

Linienart *31*
Liniendiagramm *39*
Linienfarbe *31*

M

Menü *74*
    Ansicht *74*
    bearbeiten *74*
    Datei *74*
    Hilfe *74*
Menüleiste *73*
Microsoft Internet Explorer *60*

N

navigieren *14*
Netscape Navigator *60*
Notizblätter *69*

O

Onlinehilfe *16*
Organisationsdiagramm *34*

P

Platzhalter *21*
Platzhalter Objekt *49*
Platzhalter Titel *49*
PowerPoint *11*
    beenden *17*
    starten *11*
Präsentation *11*
    drucken *15*
    erstellen *20*
    öffnen *12*
    schließen *17*
    speichern *28*
Präsentations-Software *11*
Pulldown-Menü *73*

Q

Querformat *22*

R

Rechtschreibung *70*
Rückgängig *28*

S

Säulendiagramm *39*
Schriftart *53*
Sound-Datei *68*
Symbolleiste *17, 74*
    anzeigen *17*

T

Tastenkombination *75*
Textfeld *32*

V

Vorlage *46*

W

Webbrowser *60*
Werkzeug
    Ellipse *31*
    Linie und Pfeil *31*
    Rechteck *31*

Z

Zeichenobjekt *32*
Zeichenwerkzeug *31*
zeitlicher Ablauf *63*
Zoom *13*

bit media
e-Learning solution

Lernen... wann was wo immer ...Sie wollen.

Die ECDL-Lernprogramme der Firma **bit media** sind weltweit die ersten zertifizierten multimedialen Lernprogramme für den Europäischen Computer Führerschein!

Die Lernmedien stehen als Einzelplatz- und Netzwerkversion, sowie webfähig für Intra- und Internet zur Verfügung.

Die Module (Kurse)

- Grundlagen der Informationstechnologie (IT Grundlagen)
- Computerbenutzung und Betriebssystemfunktionen (Windows)
- Textverarbeitung (Word)
- Tabellenkalkulation (Excel)
- Datenbanken (Access)
- Präsentation (PowerPoint)
- Informations- und Kommunikationsnetze (Internet Explorer)

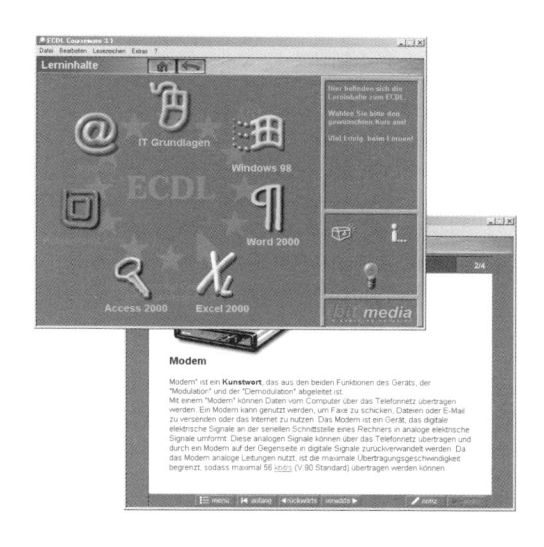

Preis je aufgeführten Kurs DM 40,00
Euro 19,00
inkl MwSt.

bit media e-Learning solution Deutschland GmbH
Center of E-Excellence
Südallee 1
D-85356 München-Flughafen

Bestellungen unter
Fax: 089 / 63 63 73 83
Mail: dieter.patzke@bitmedia.cc